Luz intensa

Crónicas de una mente despierta

D. M. Valdés

2025

Dedicatoria

A ti, Alex, mi hijo, mi maestro, mi espejo. Por recordarme cada día que la vida no se trata de encajar, sino de brillar sin permiso. Tu curiosidad me enseñó a mirar el mundo con asombro; tu fuerza, a resistir; tu ternura, a creer en la magia de lo simple.

Gracias por mostrarme que la luz —incluso cuando incomoda— siempre ilumina.

Este libro es tuyo y de todos los niños que sienten, piensan y viven con intensidad; de quienes, como tú, nacieron con el alma despierta y el corazón dispuesto a transformar el mundo.

Escrito con amor, verdad y esperanza para las mentes despiertas del mundo.

*Porque acompañar una mente despierta
es también despertar el alma.*

—D.M. Valdés

Agradecimientos

Agradecer es recordar con el corazón.
—Lao-Tsé

A mi familia, por ser mi raíz y mi refugio.

A mi esposo, compañero incansable en este viaje, por tu paciencia, tu fe y tu manera tan serena de entender lo que a mí me costó aceptar. Gracias por enseñarme a mirar con calma y a confiar en el proceso. Gracias por los dos Alex, por tu apoyo incondicional, por tu amor en los días buenos y en los difíciles, por tu grandeza, por tu alma generosa y por ser el equilibrio que sostiene nuestra historia. Nada de esto habría sido posible sin ti.

A ti Alex, mi primer maestro y la luz que dio sentido a este libro. Gracias por mostrarme el poder de la curiosidad, la fuerza de una mente libre y la profundidad de un corazón que siente sin miedo. Eres mi mayor inspiración, mi espejo y mi desafío más hermoso.

A mi otro Alex, por ser la sonrisa que equilibra todo, la luz serena que completa el universo que formamos. Tu mente también es despierta, curiosa y brillante, pero tu forma de habitar el mundo es distinta: más pausada, más lúdica, más libre. Eres el recordatorio constante de que no hay una sola manera de ser especial, de que la intensidad puede ser dulce y la sensibilidad puede llegar también en silencio. Gracias por enseñarme que el amor no se divide entre los hijos, sino que se multiplica en nuevas formas de comprensión y ternura; por recordarme que cada alma tiene su ritmo, y que la verdadera armonía no está en parecerse sino en acompañarse.

A Mrs. Emilia, la primera que supo mirar más allá de la conducta y ver la esencia. Tu sabiduría marcó el rumbo de este camino y tus palabras siguen siendo una brújula.

A ti Lucía, que con tu música y tu alma libre abriste un puente entre el arte y el corazón. Tu presencia trajo armonía donde antes había ruido, y tu sensibilidad demostró que enseñar es un acto de amor.

A Ana, nuestra consejera del alma. Gracias por recordarnos que las emociones no son un obstáculo, sino un lenguaje; por enseñarnos a escucharlas, a identificarlas y a vivirlas sin miedo.

A la tía Amalia, por su mirada sabia —desde el principio— y por reconocer en Alex algo especial cuando nadie más lo veía.

A todos los maestros que eligen educar con el alma, a los padres que crían desde la intuición, y a los niños que piensan distinto y sienten más fuerte. Este libro también es para ustedes.

A quienes me leyeron, me escucharon o me acompañaron en este proceso: gracias por sostener mi voz cuando el cansancio la quiso apagar.

A Dios, por ser mi guía constante, por darme fortaleza en los días difíciles e inspiración en los días luminosos; por recordarme que cada alma llega con un propósito y que el amor de una madre es uno de los caminos más puros hacia Él.

Por último, **gracias a la vida,** por darme la oportunidad de aprender a amar de la forma más genuina: a través de la maternidad.

Índice

Introducción

El niño 'demasiado'

Cada niño es un artista. El problema es seguir siéndolo
una vez que crecemos.
—Pablo Picasso

Siempre sentí que Alex nació con ese arte intacto del que hablaba Picasso. Llegó al mundo con una luz intensa, imposible de ignorar, que no solo iluminó su propio camino, sino también el mío. Desde entonces comprendí que no sería yo quien le enseñaría a vivir, sino él quien me mostraría cómo hacerlo. Su amor, su energía y su forma única de ver el mundo marcaron para siempre mi historia.

No escribo este libro como una experta. No soy psicóloga, ni pedagoga, ni investigadora del desarrollo infantil. Soy, simplemente, la mamá de un niño con una luz intensa; de esas que iluminan el mundo, aunque éste insista en apagarlas.

La educación no es llenar un cubo, sino encender un fuego.
—William Butler Yeats

Durante años me pregunté por qué el fuego de Alex parecía incomodar tanto. Nunca era suficiente, y siempre era demasiado para adaptarse. Escuché una y otra vez que era «demasiado sensible», «demasiado inquieto», «demasiado intenso» y hasta «demasiado curioso».

Muy por el contrario, Alex solo buscaba comprender todo y por esa razón le costaba obedecer sin más ni más. Mientras otras madres hablaban de deberes y rutinas escolares, yo trataba de entender por qué mi hijo —a los tres años— abordaba conceptos metafísicos y temas complejos como el de la muerte; por qué se aburría en clase a los cinco y cómo llegó a tener —con apenas diez años— una visión tan clara y crítica de la escuela tradicional.

No podemos enseñar nada a la gente; solo podemos ayudarla
a descubrirlo dentro de sí misma.
—Galileo Galilei

Por mucho tiempo pensé que yo era la equivocada, que debía enseñarle a 'adaptarse'. Pero —como Galileo sugiere— comprendí que el verdadero aprendizaje no consiste en imponer, sino en acompañar. No se trataba de cambiarlo a él, sino de aprender a comprenderlo. Así comenzó nuestro viaje: con un camino lleno de dudas, juicios, reuniones escolares frustrantes y, al mismo tiempo, plagado de descubrimientos, abrazos infinitos y pequeños milagros cotidianos.

Este libro es mi forma de ponerle palabras a ese recorrido. Escribo para madres, padres, docentes y para cualquiera que, alguna vez, haya sentido que un niño es 'demasiado' en lo que se espera de él. No tengo todas las respuestas, pero tengo la historia de un niño brillante y fuerte, y de una madre que aprendió —con amor y tropiezos— a acompañarlo sin apagar su luz.

La tarea del educador moderno no es cortar selvas,
sino regar desiertos.
—C. S. Lewis

Esa frase de Lewis siempre resuena en mí, porque muchas veces la escuela intentó acabar con la selva de Alex, cuando lo que él necesitaba era agua, aire y lugar para crecer. Por eso creo que hay muchos niños como el mío y muchas madres como yo que merecemos un espacio, una red, un refugio donde podamos hablar sin miedo, sin vergüenza, sin que nos llamen exageradas o sobreprotectoras. Este libro también quiere ser eso: un abrazo extendido para quienes —como yo— alguna vez han sentido que están criando en soledad.

A través de estas páginas intentaré reconstruir el sendero transitado, no desde la teoría sino desde lo vivido. Con la honestidad de quien ha llorado en silencio, de quien ha tenido el corazón encogido al salir de reuniones pedagógicas y de quien ha celebrado —como un triunfo personal— la tarde en que su hijo logró sentirse comprendido.

> *Donde hay una voluntad de comprender,*
> *siempre habrá un puente.*
> —Anónimo

Si este libro consigue que —al menos— una madre se sienta más acompañada, entonces habrá cumplido su propósito. Porque nuestras historias importan y porque nuestras voces también construyen futuros. El mundo celebra la inteligencia, pero teme la intensidad y nuestros hijos, muchas veces, tienen ambas. Por eso necesitamos tender puentes: entre la escuela y el hogar, entre la teoría y la experiencia, entre la incomodidad social y la aceptación real.

Este libro es para quienes prefieren mirar más allá de las etiquetas y acercarse al núcleo de una maternidad distinta; una maternidad que no busca moldear al niño para que encaje, sino agrandar el mundo, dándole lugar a todos.

Capítulo 1

Descubrimiento: Las primeras señales

El verdadero descubrimiento no consiste en encontrar
nuevos paisajes, sino en mirar con nuevos ojos.
—Marcel Proust

Todo comenzó con preguntas, no con respuestas. Con esa sensación difusa de que algo no encajaba del todo, aunque nadie pudiera señalar exactamente qué. No había una alarma evidente, ni un problema concreto. Pero había algo. Un brillo distinto en su mirada, una intensidad que no se apagaba, incluso cuando los demás ya habían dejado de mirar.

Desde muy pequeño, Alex mostraba una manera única de relacionarse con el mundo. Era como si sus ojos no solo vieran, sino que también comprendieran. Había en él una sensibilidad profunda y una capacidad sorprendente para conectar con la vida de una forma que desbordaba su corta edad.

Recuerdo con nitidez el día que nació: no fue solo la emoción de recibir a mi hijo, sino la impresión de que su mirada ya había recorrido un largo camino. En esos ojos había fuerza, hondura y una especie de sabiduría antigua. Desde entonces, cada gesto suyo confirmó esa sensación: no era un niño común, y no lo digo desde el orgullo, sino desde la certeza de que algo en él pedía ser comprendido de otra manera.

Las banderas y la memoria precoz

Los niños son grandes imitadores; por eso, dales
algo grande para imitar.
—Anónimo

Una de las primeras señales más claras apareció a los 18 meses. Mientras otros niños de su edad apenas comenzaban a decir sus primeras palabras, Alex ya reconocía unas veinte banderas de distintos países. No solo las distinguía visualmente, sino que parecía fascinado por sus formas y colores. A los dos años ya era capaz de nombrarlas y reconocer casi cuarenta banderas del mundo entero.

Esa fascinación temprana por las banderas no era casualidad. Dejó ver tres rasgos que estarían presentes, siempre: una memoria visual sorprendente, capaz de retener símbolos complejos sin esfuerzo; una curiosidad insaciable, que lo llevaba a preguntar y saber lo que había detrás de cada imagen; y una capacidad de aprendizaje precoz, muy por encima de lo esperado para su edad. Era como si, en lugar de juguetes, retozara con el mapamundi.

Miedo a nada

Desde muy pequeño, Alex mostró una cualidad que nos llenaba de asombro… y de susto: no sentía miedo o al menos, no lo demostraba. Mientras otros niños se detenían frente a un obstáculo, él lo cruzaba sin pensar. En su mente no había muro imposible de atravesar. No existían límites físicos, porque en su imaginación todo era posible.

Cuando tenía solo tres años, ya intentaba trepar árboles imposibles, lanzarse desde alturas que nos quitaban el aliento, tirarse a un lago para tocar los peces o explorar rincones que cualquier otro niño habría descartado. Su curiosidad era más fuerte que su instinto de conservación y, aunque esa audacia lo hacía libre, también nos mantenía en una alerta constante.

Aquellos episodios, pese a la combinación emocional que implicaban, me ayudaron a entender que **una pequeña dosis de temor es necesaria para mantenerse a salvo**. El miedo, en su justa medida, es el freno natural que protege. Pero Alex no conocía esa frontera: su mente siempre iba por delante del peligro, convencida de que el descubrimiento valía cualquier riesgo.

Criar a un niño así fue un desafío enorme. No podíamos detenerlo sin romper su espíritu, ni dejarlo sin temer por su seguridad. Tuvimos que aprender a **guiar sin paralizar**, a **advertir sin sembrar miedo**, a **enseñar prudencia sin apagar el impulso de volar**. Era un equilibrio fino —casi invisible— entre el instinto protector y el respeto por su libertad.

El miedo como sombra y como maestro

El miedo es una jaula invisible.
La libertad comienza cuando decides abrir la puerta.
—Anónimo

Con el tiempo, comprendí que el miedo no es el enemigo: el problema es una crianza desde el miedo. Esta emoción es la herramienta más poderosa para limitar el alma; tiene el potencial de paralizar, apagar la curiosidad y sofocar la creatividad.

Siempre he creído que **educar desde el miedo, para tener hijos más obedientes y fáciles de manejar, deja una huella silenciosa**.

El niño aprende a callar su impulso, a censurar su instinto, a elegir la seguridad sobre el crecimiento y, aunque eso puede hacerlo más manejable en la infancia, a menudo lo vuelve menos libre en la adultez.

Es por eso que en casa tratamos de criar **desde la confianza**. No una confianza ciega, sino una que induce a pensar, a analizar, a asumir desafíos con conciencia. A entender que el miedo no debe dominarte, pero sí puede acompañarte como un recordatorio de respeto hacia lo desconocido.

En estos años hemos aprendido que **el coraje no es la ausencia de miedo, sino la decisión de avanzar a pesar de él**. Porque la única forma de enfrentar esa emoción es atravesándola y eso fue lo que Alex hizo desde siempre: mirar al mundo de frente, con una mezcla de asombro, lógica y curiosidad que lo protegía tanto como nos desafiaba a nosotros.

La valentía como súper poder

Hoy entiendo que esa ausencia inicial de miedo fue, en realidad, **una forma pura de valentía**. Una valentía sin filtros, sin la sombra del juicio o la comparación. Alex veía el mundo con inocencia, no con temeridad; con fascinación, no con imprudencia.

Con el tiempo, esa audacia se fue transformando en discernimiento. Aprendió a medir, a calcular, a reconocer los riesgos sin dejar de avanzar. Al mismo tiempo, descubrí algo hermoso: **cuando un niño aprende a no tener miedo de pensar, de sentir o de explorar, se convierte en un adulto capaz de forjar su propio camino sin depender del permiso de los demás.**

El miedo, en dosis adecuadas, enseña respeto, pero la valentía enseña libertad. Quizás ese ha sido uno de los aprendizajes más poderosos que Alex nos ha dejado como padres: que la vida no está para ser temida, sino para ser vivida con conciencia, pasión y propósito.

¿Por qué un ratón?

Entre tantos indicios tempranos, hubo uno que todavía me hace sonreír cada vez que la recuerdo.

Él nunca fue un gran admirador de Mickey Mouse. Un día, mientras veía un capítulo, medio distraído, se me acercó con gesto pensativo y dijo:

—Mamá, ¿por qué un ratón?

—¿Por qué, cariño?

—Sí. ¿Por qué un ratón tendría que ser el protagonista? No me gusta. Sigue siendo un ratón.

Su comentario me descolocó. Tenía apenas tres años. Yo me reí —claro—, pero después me quedé pensando. En realidad, lo que estaba haciendo era **cuestionar un símbolo mismo de la infancia**. No rechazaba el personaje: rechazaba la falta de sentido. ¿Por qué deberíamos aceptar algo solo porque todos lo hacen? ¿Por qué un ratón representa la alegría universal?

Ahí entendí algo que marcaría muchas de nuestras conversaciones futuras: Alex no se conformaba con las respuestas prefabricadas: necesitaba **entender por qué** detrás de las cosas, incluso las más simples. En este caso, si los demás niños veían fantasía y aceptaban sin chistar, él indagaba en la lógica y analizaba.

Muchos padres buscaban que sus hijos 'creyeran en la magia', mientras yo empezaba a vislumbrar que Alex **creía más en la verdad**

que sostiene la magia, en la coherencia invisible que une el pensamiento con la emoción.

Aquella fue —sin que yo lo supiera aún— la primera muestra de su manera de pensar: libre, analítica y profundamente genuina.

El color de su mundo

Existe un detalle que siempre llamó mi atención desde que era pequeño: su color preferido es el rojo y con el transcurrir del tiempo entendí que ese gusto hablaba más de él de lo que parecía.

El rojo no es un color cualquiera: es el color del impulso vital, de la energía que se niega a pasar desapercibida. Alex vive como su color: con intensidad, con pasión, con esa fuerza que no se apaga, aunque el mundo intente restarle el brillo.

El rojo, además, es fuego, pero también es luz. Quizás por eso todo en él parece vibrar con una osadía que no se conforma con lo tibio. Cuando algo lo emociona, su entusiasmo ilumina la habitación. Cuando algo le duele, lo siente como una llama encendida y cuando ama, lo hace con el corazón completo, sin reservas.

Ese rojo es su manera de existir: auténtico, apasionado, presente. Un color que no pide permiso, que no busca esconderse, que simplemente **es**.

Tal vez, por ese motivo, cuando lo miro comprendo que su luz intensa no es una metáfora: es real, es parte de su esencia. Su alma —como su color— no se apaga: se transforma.

El eje del alma

En marzo de 2018, la vida nos enfrentó a una noticia que sacudió hasta nuestras raíces más hondas: la enfermedad terminal de su tío. Mientras los adultos intentábamos asimilar lo incomprensible, ese lento desmoronamiento de certezas que trae la muerte, Alex —con dos años y medio—, observaba el mundo desde un lugar distinto. No había en él miedo ni confusión, sino una especie de serenidad ancestral, como si su alma recordara algo que la nuestra había olvidado.

Una mañana, mientras el sol se reflejaba en la superficie del lago de nuestra casa, lo vi observando el agua con atención. Permaneció en silencio unos segundos —como si escuchara algo que solo él podía oír— y luego dijo con voz suave, pero firme:

—Mi tío va a estar bien y podrá volver a disfrutar del sol nuevamente, pero solo cuando encuentre su eje en la Tierra.

Me quedé inmóvil: ¿Cómo un niño tan pequeño podía entrelazar un concepto físico —la rotación del planeta, su equilibrio invisible— con una reflexión tan espiritual sobre la vida y la muerte? Aquella frase me acompañó durante semanas: ¿De dónde venía esa intuición? ¿Cómo podía comprender que, al hablar del eje de la Tierra, estaba hablando del eje del alma?

Con el paso del tiempo, comprendí que no era una casualidad. Alex había captado algo esencial: que todos tenemos un eje interior que nos mantiene en equilibrio, que nos sostiene incluso cuando giramos entre el caos y la pérdida. Su tío no 'moría', sino que encontraba un nuevo punto de equilibrio, un nuevo eje, en un lugar que no podíamos ver.

Días después, su tío falleció y la frase «cuando encuentre su eje en la Tierra» quedó grabada en mí como una lección silenciosa.

Alex no solo absorbía información: la transformaba en significado y la elevaba a una dimensión simbólica, donde ciencia y espiritualidad se abrazaban.

Aquella mañana frente al lago tuve la revelación de algo profundo: la mente de un niño con alta sensibilidad no se limita a aprender del mundo, sino que lo interpreta. Toma los conceptos más abstractos —gravedad, rotación, luz— y los convierte en metáforas del alma. Mientras nosotros buscamos entender la vida desde la razón, ellos la perciben desde la conexión.

La mente que se abre a una nueva idea jamás volverá
a su tamaño original.
—Albert Einstein

Con el paso de los años, las pistas se fueron acumulando. Hubo indagaciones sobre el universo; inventos hechos con cajas y cucharas; dibujos de motores y cohetes; y conversaciones nocturnas en las que me preguntaba:

—Mamá, ¿por qué existe el universo si al final todos morimos?

Cuando otros pequeños de su edad jugaban con bloques o se entretenían con caricaturas, él parecía fascinado por el misterio de la existencia.

Voluntad fuerte: un niño que no se rinde

Junto con su lucidez, siempre ha estado su intensidad. Alex es un niño de voluntad fuerte —un *strong-willed child*—, de esos que no se rinden ni ante la frustración ni ante la autoridad sin sentido. Desde pequeño ha demostrado que su brújula interna es más poderosa que cualquier orden externa. No acepta un 'porque sí'; necesita entender el porqué y el para qué.

Defiende sus ideas con una determinación que puede ser tan admirable como agotadora. Tiene la capacidad de llevar cualquier negociación hasta el límite, de argumentar con una lógica capaz de descolocar a los adultos. Cuestiona, debate, resiste, y aunque en ocasiones eso resulta desafiante, también es una de sus mayores virtudes. Su mente no se conforma: busca comprender, mejorar, transformar.

Un niño de voluntad fuerte no busca dominar, busca sentir que tiene voz y propósito. Su rebeldía no nace del deseo de contradecir, sino de la exigencia de ser coherente consigo mismo. Para él, la obediencia ciega no tiene valor. Esa tenacidad lo convierte en un defensor incansable de sus ideas; sin embargo, es también un reto para quienes lo acompañamos.

Educar a un niño así es vivir entre el orgullo de verlo sostener su identidad y el cansancio de intentar guiarlo sin apagar su ímpetu.

Los niños más difíciles de criar son a menudo
los que cambian el mundo.
—Dr. Stanley Greenspan

El tiempo me permitió comprender que su aparente desobediencia no era un defecto de carácter, sino un síntoma de pensamiento crítico. Cuando un niño fuerte discute, no siempre es por rebeldía: muchas veces, detrás de esa actitud hay razonamiento, exploración, búsqueda de justicia o coherencia. Alex podía pasar horas defendiendo un punto, no por capricho, sino porque sentía que tenía razón. Cuando uno aprende a escucharlo sin miedo, descubre que en el fondo —muchas veces— la tiene.

Guiar a un niño así implica aprender a liderar sin imponer, a convertir el 'hazlo porque yo lo digo' en 'hagámoslo juntos y veamos qué pasa'. Requiere paciencia, firmeza y empatía. La clave no está en doblegar su voluntad, sino en orientarlo para que la use con propósito.

Con los años entendí de igual modo algo que cambió mi mirada: no hay que quebrar su carácter; hay que enseñarle a dirigir su fuerza.

Un niño de voluntad fuerte es, en el fondo, un líder en formación. Posee un fuego interno que, si se extingue, se convierte en frustración; pero si se acompaña con respeto, puede llegar a ser pasión, creatividad y liderazgo.

Los legos: un refugio sin instrucciones

Uno de los grandes refugios, para mi hijo, siempre ha estado en el mundo de los legos. Puede pasar horas sumergido entre piezas de todos los colores, levantando mundos enteros con una paciencia que pocas veces muestra en otras áreas. Cuando construye, el tiempo simplemente deja de existir. Su mirada se enfoca, sus manos parecen moverse solas y su mente se pierde en un universo donde todo es posible.

Desde muy pequeño nos sorprende su manera de jugar. No le interesa seguir las instrucciones del manual. Las obvia por completo. Cuando yo, con un modo más metódico, insisto en que debe seguir los pasos, uno a uno, él responde con una convicción desarmante:

—Mamá, no me gusta ver las instrucciones. No es divertido que alguien te diga cómo se hace un lego; no tiene gracia. Tienes que descubrirlo tú mismo.

Esa frase, que en su momento me frustraba, más adelante se convirtió en una lección de vida. Lo que yo percibía como desobediencia o falta de hábito era, en realidad, la manifestación más pura de su pensamiento libre. Para él, la construcción no es una tarea que deba completarse, sino un proceso que debe disfrutarse. No quiere llegar al final, quiere develar el camino.

A veces se atasca en pasos difíciles por no mirar el manual. Otras, desarma todo y vuelve a empezar, como si en el error también encontrara placer. Nunca se da por vencido. Su perseverancia es sorprendente, pero lo más admirable es la capacidad de confiar en su propio criterio, hasta cuando algo no sale como esperaba.

Los legos se han vuelto mucho más que un pasatiempo. Es ese espacio donde no existen reglas externas, donde puede ser él mismo, sin comparaciones, sin límites, sin moldes. Un lugar donde el orden no es impuesto, sino nacido de su imaginación.

Es así como pude entender que aquel rechazo a seguir las instrucciones es también una metáfora de su forma de vivir: Alex no llegó al mundo para reproducir modelos, sino para construir los suyos y los legos, de manera silenciosa, me lo recuerdan.

Los niños creativos no quieren que les digas qué construir.
Quieren que les des las piezas para descubrirlo.
—Anónimo

Al observarlo continuamente, he ido comprendiendo que su mente no trabaja en secuencia, sino en conexiones amplias, como si viera el conjunto completo antes de comenzar. Tiene una visión holística: no necesita mirar el paso uno para llegar al paso dos, porque en su mente el modelo ya existe. Lo he visto terminando antes de empezar y en ese proceso descubrí algo aún más profundo: su forma de construir también es su forma de pensar la vida.

Para él, todo puede reconstruirse, todo puede volver a intentarse, nada está perdido. Si una pieza no encaja, la mueve, la prueba en otro lugar, busca otra solución. Esa flexibilidad mental, ese modo natural de resolver sin frustrarse, es una lección que me ha dado.

Los legos fueron y siguen siendo su refugio, su espacio de creación y de calma. En ellos encontró lo que la escuela y el mundo muchas veces le negaron: libertad, descubrimiento y el derecho a equivocarse sin miedo.

Por mi parte, aprendí que no todos los caminos tienen que venir con instrucciones. Algunos solo se construyen, mientras los recorremos.

Un pensador holístico

La resistencia a seguir instrucciones no es simple rebeldía, sino una forma distinta —y profundamente compleja— de procesar la realidad. Alex no piensa en líneas rectas, sino a través de un modelo de constelaciones. Es un pensador holístico.

La mayoría de las personas aborda los procesos de manera secuencial —paso uno, luego paso dos, luego paso tres—; los pensadores holísticos visualizan el conjunto desde el inicio. Ven el mapa entero antes de recorrer el camino. No caminan paso a paso: vuelan sobre el territorio y lo contemplan desde arriba, como si su mente funcionara con la mira de un satélite.

Descubren patrones donde otros ven fragmentos, conectan ideas dispares, relacionan lo emocional con lo lógico y lo abstracto con lo concreto. Lo esencial para ellos no son los pasos, sino cómo todo encaja en una visión global. Por eso, cuando el mundo los obliga a dividir el proceso en pequeñas partes, se frustran: sienten que pierden la esencia del todo.

Este tipo de pensamiento explica por qué Alex se impacienta con las instrucciones detalladas, con los manuales, con los métodos rígidos. Para él, el conocimiento no se construye siguiendo un orden, sino comprendiendo la estructura completa y luego desmenuzándola. Necesita ver razones antes que métodos.

Recuerdo cuando me hablaba de cómo entendía las cosas. Me decía:

—Mamá, mi mente no va de una cosa a la otra; mi mente las ve todas al mismo tiempo.

Tenía razón. Mientras yo necesitaba que las ideas se me presentaran una tras otra para poder ordenarlas, él ya las veía unidas, como piezas de un mismo rompecabezas que solo él podía imaginar completo.

Su padre fue quien me ayudó a entenderlo mejor. En una de esas conversaciones que marcó un antes y un después, me dijo algo que cambió la manera en que veía el pensamiento de Alex:

—Yo pienso igual que él. Cuando me explican direcciones, no sigo los giros ni los pasos. Yo veo el mapa entero, como cuando haces zoom *out* en el GPS y lo miras desde arriba. Así es como entiendo el mundo.

Ahí comprendí todo. Alex había heredado esa forma de pensamiento. Su mente no procesa de forma lineal, sino en red; no avanza siguiendo puntos, más bien percibe relaciones entre ellos.

Eso que a veces confundimos con distracción o impaciencia es, en realidad, la incomodidad de una mente que piensa más rápido de lo que el entorno le permite.

Las mentes que piensan en red no se pierden en los detalles,
se pierden en la amplitud.
—Anónimo

Ser un pensador holístico es un don, pero también una lucha constante en un mundo diseñado para lo lineal. Los sistemas educativos, los métodos tradicionales, las normas sociales, incluso las rutinas familiares, se construyen bajo la lógica del paso a paso, del orden y la repetición.

Los pensadores holísticos, como Alex, viven el desafío de traducir su pensamiento integral a un contexto que solo acepta lo fragmentado.

Esa tensión puede apreciarse en muchos aspectos:

- En la escuela, donde se les exige que sigan la estructura del libro sin cuestionar la lógica detrás.
- En las conversaciones, donde saltan de un tema a otro sin perder el hilo, aunque los demás no logren seguirlos.
- En la vida cotidiana, cada experiencia se convierte en un mosaico de significados y no en una serie de hechos.

Los pensadores holísticos no 'saltan pasos'; conectan puntos invisibles. Ellos ven la totalidad del cuadro y, a veces, les cuesta explicar cómo llegaron allí. Pero cuando uno aprende a mirar a través de sus ojos, comprende que no se trata de desorden, sino de una inteligencia que fluye en círculos, no en líneas.

El reto como madre ha sido acompañar esa mente sin intentar 'enderezarla'; entender que su manera de aprender no es inferior ni superior, solo diferente; y que en un mundo que recompensa el pensamiento lineal, mi papel es recordarle que su forma de ver todo también tiene un lugar. Porque la verdadera sabiduría no está en seguir los pasos sino en comprender el propósito, y Alex ha sabido eso desde siempre.

Zurdo: el hemisferio distinto

Un detalle más es que Alex es zurdo y, si bien a primera vista parece un detalle menor, lo cierto es que su hemisferio izquierdo dominante encierra un universo fascinante. Ser zurdo no es solo escribir con la mano izquierda; es también una forma distinta de mirar, concebir y procesar el mundo.

Los estudios neurológicos indican que las personas con el hemisferio izquierdo dominante suelen tener una mayor interconexión entre ambos hemisferios cerebrales, lo que genera un diálogo constante entre la lógica y la creatividad, entre la razón y la intuición. En lugar de que cada hemisferio trabaje de manera aislada, como ocurre en la mayoría de los diestros, en ellos los puentes neuronales cruzan con más frecuencia, permitiendo que las ideas viajen libremente de un lado a otro del cerebro.

Por eso, muchos artistas, inventores y pensadores innovadores —desde Leonardo da Vinci hasta Einstein— han compartido esta singularidad. No es porque la zurdera sea sinónimo de genialidad, sino porque suele acompañarse de un modo de pensamiento más integrador, menos lineal y más global; una manera de conectar conceptos desde la emoción, la imagen y la intuición.

En Alex, tal cualidad se traduce en una mente que habita en constante equilibrio entre ambos mundos. Tiene la precisión lógica de quien memoriza banderas y datos con asombrosa facilidad, y la sensibilidad artística de quien puede improvisar melodías al piano sin una sola nota escrita. Su hemisferio izquierdo dominante parece dialogar constantemente con el derecho, tejiendo puentes entre lo racional y lo creativo, entre lo técnico y lo poético.

A veces, cuando lo observo dibujar o tocar el piano, puedo ver ese diálogo manifestarse en cada movimiento: la mano izquierda —su mano pensante— guía con firmeza, pero detrás de cada gesto hay una intuición suave, casi musical. Su cuerpo parece obedecer a un balance invisible entre la estructura y la inspiración, entre la lógica y la emoción.

Los zurdos piensan con el corazón del artista
y la mente del ingeniero.
—Anónimo

Pero vivir con un hemisferio dominante distinto también conlleva desafíos en un mundo diseñado para lo opuesto. Desde los pupitres escolares hasta los utensilios, todo parece estar hecho para quienes piensan y escriben desde la derecha. A veces, esas pequeñas incomodidades reflejan algo más grande: la dificultad de una sociedad que no siempre sabe adaptarse a las diferencias.

Recuerdo cómo en la escuela debía girar el cuaderno en ángulo para poder escribir con más confort, o cómo manchaba de tinta cada palabra recién trazada. Pequeños gestos que para otros niños pasaban inadvertidos, pero que para él eran una constante lucha entre adaptarse y encontrar su propia manera. Curiosamente, esa es una metáfora perfecta de su vida: Alex siempre ha encontrado su propia manera.

Su hemisferio izquierdo dominante se ha convertido en una metáfora viva de su mente no convencional: una mente que no se acomoda al molde, que necesita experimentar para entender, que prefiere descubrir sus propios caminos antes que seguir los que ya están trazados.

Los neuropsicólogos han observado que las personas zurdas o con dominancia hemisférica izquierda tienden a ser más empáticas, imaginativas y abiertas al pensamiento divergente. No porque un lado del cerebro domine al otro, sino porque en ellas ambos hemisferios conversan constantemente. Y eso es, precisamente, lo que define a Alex: su pensamiento no elige entre razón y emoción; los une en una danza constante de curiosidad, sensibilidad y análisis.

En su mente, una pregunta sobre física puede terminar en una reflexión sobre el alma, y una melodía improvisada puede convertirse en una lección sobre resiliencia. Vive entre hemisferios, fluyendo con naturalidad por un puente que une la razón y la sensibilidad.

Tal vez por eso su forma de entender el mundo es tan completa. Ve el todo y los detalles. Piensa, siente y crea con una sincronía que, lejos de ser contradictoria, lo hace más humano, más consciente, más libre.

Ser zurdo es escribir con la mano del corazón.
—Anónimo

Cuando los hijos nos revelan a los padres

Educar a Alex no solo ha sido un desafío para él, sino también para nosotros como padres. Su presencia nos obligó a mirarnos al espejo y a descubrir nuestras propias formas de pensar, nuestras luces y también nuestras rigideces.

Su papá siempre lo ha entendido mejor que yo. Son tan parecidos que parecen hablar un idioma que solo ellos conocen. Donde yo veía desobediencia, él veía coherencia; cuando yo me preocupaba porque Alex no seguía instrucciones, él encontraba genialidad. Siempre tuvo la calma que a mí me faltaba y la mirada amplia que a veces yo perdía en los detalles.

Recuerdo que cuando los especialistas mencionaron por primera vez que Alex tenía una manera de procesar el mundo más global y conectada —una visión que no avanza en línea recta, sino que integra el conjunto—, todo cobró sentido. Comprendí que esa forma de entender la realidad no era nueva en nuestra familia: la había heredado de su padre.

Ambos —padre e hijo— observan la vida desde una perspectiva más amplia, donde las piezas se unen por intuición más que por método. Son capaces de ver el todo antes que las partes, de encontrar sentido incluso en lo que parece caos. En ellos, la lógica y la creatividad no compiten, se complementan.

Yo, con mi mente más lineal y metódica, tuve que aprender a soltar el control. La crianza de Alex ha sido, en realidad, una escuela en doble sentido: mientras yo intentaba educarlo, él me estaba enseñando a ver de otro modo.

Su forma de pensar me obligó a salir de mi estructura, a confiar más en la intuición, a valorar el proceso más que el método. Gracias a su papá, comprendí algo esencial: la tarea no era encajarlo en mi molde, sino expandir el molde familiar, hacerlo más amplio, más flexible, más humano, hasta que cupiéramos todos en él.

Porque a veces los hijos no llegan para seguir nuestros caminos, sino para mostrarnos rutas que habíamos olvidado mirar desde el alma. Hay hijos que no vienen a aprender de nosotros, sino a recordarnos quiénes somos.

Un padre no es aquel que da la vida, eso sería demasiado fácil; un padre es el que da el amor, la guía y el ejemplo.
—Denis Lord

Las dudas y las certezas

Cuando una madre siente que su hijo no encaja en los moldes del mundo, comienza una lucha silenciosa entre la duda y la intuición. Por un lado, la razón intenta convencerte de que todo es normal, que solo necesitas paciencia, que 'ya pasará'. Pero en lo más profundo, hay algo que te dice que no, que estás viendo algo distinto, algo que no cabe en las explicaciones simples ni en las comparaciones con otros niños.

Intenté hablar al respecto con familiares y otras madres, buscando alivio, comprensión o al menos un espacio donde no sentirme extraña. Pero las respuestas me dejaban más sola que antes: «¡Qué desobediente!»; «Todos los niños son curiosos»; «¡Qué suerte que le guste aprender!»; «Ya se le va a pasar» y «Es un mal portado».

Cada frase, aunque dicha con buena intención, la recibía como un pequeño golpe. No era consuelo, era negación. Querían simplificar lo que yo observaba cada día: una mente que no se detenía, un alma que no podía aceptar el 'porque sí' y una energía que desbordaba cualquier estructura.

Pero yo sabía que no era algo pasajero. No era simple curiosidad ni una fase de rebeldía. Era algo más profundo, más constante, más desafiante. Había coherencia en su aparente desobediencia y propósito en sus preguntas interminables. No buscaba retar la autoridad, buscaba entender la vida.

Fue en medio de esa soledad, de esas miradas que no comprendían, donde comencé a distinguir entre lo que el mundo distinguía y lo que mi corazón sabía. Porque una madre puede dudar de todo, menos de lo que siente.

El instinto de una madre siempre es más confiable
que la opinión de cien extraños.
—Proverbio

En ese momento llegaron los miedos: ¿Estaré estimulándolo demasiado? ¿Será que estoy haciendo algo mal? Cuando tu hijo no se parece al resto, la duda empieza por dentro y la sociedad —que suele ser juez implacable— alimenta esa incertidumbre con sus comentarios.

Sin embargo, cada vez que lo miraba, lo sabía con certeza: Alex no era un problema, era un regalo. Un regalo que necesitaba ser comprendido y protegido, no corregido ni apagado.

Fue entonces cuando empecé a investigar. Leí, busqué, me sumergí en artículos y foros. Descubrí palabras y expresiones nuevas: altas capacidades intelectuales, disincronía, hiperexcitabilidad, sensibilidad emocional. De pronto lo que sentía tenía nombre y esa validación fue un alivio enorme.

Poniendo nombre a lo vivido

Cuando comencé a investigar y a escuchar a especialistas, aparecieron conceptos nuevos que me ayudaron a entender mejor lo que estábamos viviendo. Cada uno de ellos puso un poco de orden en el caos de dudas y emociones que nos acompañaban:

Altas capacidades intelectuales

Se habla de altas capacidades cuando un niño muestra un desarrollo intelectual notablemente superior al promedio. No significa solamente sacar buenas notas o aprender rápido: implica una forma distinta de procesar la información, de conectar ideas y de percibir la realidad. Los niños con altas capacidades suelen aprender antes y más rápido, tener intereses profundos y complejos desde muy pequeños, y mostrar una creatividad que desborda los límites de lo 'esperado para su edad'. En Alex esto era evidente: su pasión por las banderas, sus preguntas metafísicas a los tres años y su habilidad para el piano no eran simples 'gustos', sino evidencias de una mente que iba a un ritmo distinto.

Disincronía

Este concepto fue una revelación para mí. La disincronía describe el desfase que existe entre las distintas áreas del desarrollo de un niño con altas capacidades. Su mente puede ir muy por delante —pensando como un adolescente cuando aún tiene cinco años—, mientras sus emociones y habilidades sociales siguen siendo las de un niño pequeño. Esto genera tensiones enormes: un niño capaz de hablar sobre la muerte o el universo, pero que al mismo tiempo no sabe manejar una frustración mínima en la escuela. Con Alex lo vivimos a diario: mientras sus ideas parecían de un adulto, su sensibilidad y su necesidad de contención emocional seguían siendo las de un niño pequeño.

Hiperexcitabilidad

El término hiperexcitabilidad viene de la teoría del psicólogo Kazimierz Dabrowski y describe la intensidad con la que muchos niños con altas capacidades experimentan el mundo. No se trata solo de 'ser inquietos': sus sentidos, sus emociones, su imaginación y su intelecto funcionan en un nivel más alto, como si todo en ellos estuviera amplificado. Esto hace que se emocionen profundamente, que reaccionen con fuerza, que se frustren con facilidad, pero también que vivan la belleza, la música y las ideas con una intensidad extraordinaria. Alex no solo escucha una canción, la siente en todo su cuerpo; no solo pregunta algo, necesita respuestas profundas y reales, aunque incomoden a los adultos.

Sensibilidad emocional

A esto se suma la sensibilidad emocional, por la cual cada experiencia es vivida con el corazón abierto. Los niños con altas capacidades suelen ser muy empáticos, perciben las emociones de los demás con facilidad y a veces sufren en silencio por cosas que otros ni notan. En Alex esto era evidente: podía emocionarse hasta las lágrimas con la escena de una película o preocuparse por un comentario que otro niño olvidaba al instante. Su sensibilidad no es debilidad: es una antena que lo conecta profundamente con la vida, pero también lo expone a heridas que el mundo no siempre comprende.

El día que escuché por primera vez la expresión 'altas capacidades' sentí una mezcla de alivio y miedo. Alivio, porque al fin había un lenguaje que explicaba lo que vivíamos. Miedo, porque comprendí que esa etiqueta no iba a protegerlo del mundo, sino que podría convertirse en una barrera.

Ese fue el verdadero inicio de nuestro camino: el descubrimiento no solo de mi hijo, sino también de mí misma como madre. Aprendí que mi rol no era moldearlo para acoplarse, sino acompañarlo para desplegarse y que no necesitaba corregir su intensidad, sino protegerla del juicio. Ahí surgió la gran pregunta que, hasta hoy, me acompaña:

«¿Qué necesita realmente un niño como Alex para crecer libre y pleno en un mundo que todavía teme lo diferente?

Capítulo 2

El sistema educativo: Entre pizarras y paredes invisibles

La educación es el arma más poderosa que puedes usar
para cambiar el mundo.
— Nelson Mandela

Desde el primer día comprendí que la escuela sería un terreno de batalla. A la vez que los demás niños aprendían a formar palabras, Alex ya las descifraba y se preguntaba por qué debía repetir lo que ya sabía. Lo que para otros era un reto, para él era rutina aburrida, y en lugar de verlo como una oportunidad para acompañarlo, la escuela comenzó a tomarlo como un problema.

Los informes se repetían una y otra vez: «muy inteligente, pero distraído», «gran capacidad, pero poca disciplina», «participa demasiado, interrumpe». Las mismas frases disfrazadas de observación, pero cargadas de juicio. Nadie parecía preguntarse qué había detrás de ese comportamiento.

En la mayoría de las aulas, aprender no significaba pensar ni descubrir, sino repetir, memorizar y obedecer. Un niño obediente era un niño 'bueno'. Un niño que cuestionaba era 'desobediente' o 'problemático'. El sistema escolar parecía más interesado en domesticar que en enseñar a volar.

Mrs. Emilia: una maestra que vio más allá

Un buen maestro puede cambiar el destino de un niño.
—Anónimo

Alex tenía apenas dos años cuando su primera maestra —que además era psicóloga— notó algo que los demás no veían. Se llamaba Mrs. Emilia fue la primera en alertarnos de que nuestro hijo venía con una inteligencia superior a la norma.

Ella lo descubrió, no porque supiera más que otros niños, sino porque no encajaba en la dinámica del aula tradicional. Le costaba permanecer sentado, se aburría con facilidad con las actividades repetitivas y, en lugar de quedarse en su salón, se escapaba una y otra vez al aula de los más grandes. Allí parecía sentirse más cómodo, más retado, más vivo.

La verdadera función del maestro no es dar respuestas,
sino despertar las preguntas.
—Joseph Joubert

Mientras muchos habrían etiquetado su conducta como 'desobediencia' o 'hiperactividad', Mrs. Emilia supo mirar más allá. Entendió que no era rebeldía, sino la necesidad de un niño que pedía más. Fue ella quien propuso el cambio de aula para que pudiera estar con niños mayores, y también quien nos recordó algo esencial:

—Cuiden siempre sus emociones, porque su mente irá muy rápido, pero su corazón puede quedarse un poco atrás.

La disincronía: mentes veloces, corazones frágiles

Esa frase me acompañó siempre. Lo que ella me estaba describiendo tenía un nombre: disincronía.

La disincronía —también llamada asincronía— es la brecha entre la velocidad del desarrollo intelectual y el ritmo del desarrollo emocional y social. Los niños con un desempeño intelectual elevado pueden razonar como adolescentes o adultos, pero sentir, reaccionar y necesitar como los pequeños que son.

Esa diferencia se convierte en un desafío enorme: se les exige madurez porque 'piensan como grandes', pero se les juzga inmaduros cuando sienten o reaccionan como niños. Es una paradoja cruel que provoca frustración tanto en ellos como en quienes los rodean.

Gracias a Mrs. Emilia, entendí que acompañar a Alex no significaba solo alimentar su mente, sino sostener su mundo emocional. Ella fue la primera en enseñarme que la verdadera tarea no era acelerar, sino equilibrar.

Hasta hoy, Mrs. Emilia sigue siendo mi guía. No porque tuviera todas las respuestas, sino porque supo hacer la pregunta correcta: ¿qué necesita este niño?

Cuando el sistema solo ve la conducta

> *El mayor enemigo del conocimiento no es la ignorancia,*
> *sino la ilusión del conocimiento.*
> — Stephen Hawking

La experiencia con Mrs. Emilia nos mostró lo que un maestro puede lograr cuando observa con empatía. Pero el resto del sistema parecía diseñado para corregir conductas, no para ver necesidades.

Ella veía una mente inquieta que pedía más, cuando los demás percibían 'indisciplina'; donde ella proponía alternativas, otros imponían castigos, y donde ella cuidaba el alma detrás de la mente, el sistema exigía obediencia ciega.

Cuando la psicología olvida el alma

Vivimos en una época donde todo debe tener un nombre, un diagnóstico. Si un niño se mueve demasiado, es hiperactivo. Si se concentra demasiado, tiene un rasgo obsesivo. Si se aburre en clase, es desatento. Así, poco a poco, la psicología moderna conductual ha ido transformando la singularidad en sintomatología.

No niego la importancia del avance científico, ni el valor de los profesionales que realmente buscan ayudar, pero algo se ha perdido en el camino: la mirada humana. La urgencia por clasificar, por encajar dentro de un espectro, muchas veces deja fuera lo más esencial, es decir, la historia detrás del comportamiento, la emoción detrás del síntoma, la necesidad detrás de la conducta.

He estado en salas donde se analizaban gráficas, informes, puntuaciones y, mientras se hablaba de percentiles y escalas, yo solo podía pensar: ¿Dónde está el niño en todo esto? ¿Dónde está su voz, su alma, su historia?

La confusión entre conducta y necesidad

La psicología conductual tradicional enseña que el comportamiento es el reflejo de un estímulo y que, si se corrige la respuesta, se corrige el problema. Pero los niños con un alto perfil intelectual fuera del promedio —como muchos otros neurodivergentes— no actúan desde la desobediencia, sino desde la necesidad: de comprensión, de ritmo, de estímulo, de sentido.

Cuando un niño cuestiona, no siempre desafía la autoridad; a veces está buscando coherencia; cuando se levanta, no necesariamente interrumpe, quizás su cuerpo intenta liberar una energía que su mente aún no sabe contener; y cuando se niega a repetir lo que ya sabe, no es flojera, sino hambre de aprendizaje real.

Sin embargo, el modelo conductual suele interpretar esas actitudes como 'problemas de comportamiento' y propone correcciones antes que comprensión. **Es así como lo que era una diferencia se convierte en un trastorno.**

Etiquetas que pesan

No hay nada más limitante que una etiqueta mal entendida. Una vez que se coloca, el entorno comienza a mirar al niño a través de ese filtro, y todo lo que hace termina siendo interpretado a la luz de ese diagnóstico. Se opacan matices, se borran contextos, se encierra la complejidad humana en un código clínico.

No es que las etiquetas sean siempre negativas —a veces abren puertas, permiten apoyos, generan comprensión—, pero cuando se usan sin alma, cuando se pronuncian sin sensibilidad, se convierten en jaulas invisibles. Y ningún niño puede florecer dentro de una jaula, por más científica que parezca.

La mirada integral

El desafío —entonces— no es negar la psicología moderna, sino integrarla con una visión más profunda del ser humano.

Una mirada que no solo mida, sino que escuche; que no solo observe la conducta, sino la emoción; que no busque corregir, sino acompañar.

Los niños no son laboratorios de estímulos y respuestas: son universos en expansión. Cada pregunta, cada silencio, cada movimiento tiene una razón que merece ser comprendida antes de ser etiquetada.

Creo firmemente que el futuro de la educación y la salud mental infantil depende de unir ciencia y alma, razón y empatía. De recordar que detrás de cada diagnóstico hay una historia, y detrás de cada conducta, una necesidad no atendida.

Cuando la ciencia olvida el alma, el conocimiento
se vuelve incompleto.
—Anónimo

La escuela griega y las aulas '*gifted*'

El propósito de la educación es reemplazar una mente vacía por una abierta.
—Malcolm Forbes

En busca de un espacio más acorde, probamos diferentes caminos. Uno de ellos fue una escuela griega, de alto impacto intelectual. Allí Alex aprendió griego e inglés, además de matemáticas —tanto griegas como americanas—, filosofía y mucho de la cultura griega.

Cuando tenía apenas seis años, la dirección del colegio nos sugirió realizarle una evaluación intelectual que consiste en una junta de psicólogos analizando su perfil cognitivo. Todo esto se debía a que notaban en él una manera distinta de procesar la información: resolvía los problemas con rapidez, conectaba ideas abstractas y mostraba una memoria fuera de lo común. No era un simple 'niño adelantado'; algo en su mirada y en su razonamiento despertaba genuina curiosidad en los educadores. Su capacidad de absorción era tan grande que pronto lo propusieron para integrar la clase de niños '*gifted*'.

La sugerencia de aquella evaluación fue un punto de inflexión. Por primera vez, el sistema reconocía que no se trataba de conducta rebelde, sino de una forma diferente de aprender y pensar. Aunque el proceso fue extenso y a veces confuso —porque medir lo que es diferente nunca es sencillo—, los resultados confirmaron lo que intuíamos desde su primera maestra, Mrs. Emilia: Alex tenía una mente que avanzaba a un ritmo superior a la media.

Pero, paradójicamente, ese reconocimiento no trajo alivio, sino nuevas incógnitas: ¿Qué hacer con un niño que aprende tan rápido y se aburre en minutos? ¿Cómo mantenerlo motivado sin sobrecargarlo? ¿Cómo lograr que su mente veloz no deje atrás su mundo emocional?

Pensamos que, al fin, las aulas 'gifted' serían el lugar donde encontraría empatía, comprensión y un desafío real. Pero la realidad fue otra.

Las aulas para niños 'dotados' no estaban diseñadas para expandir la creatividad ni para estimular el pensamiento crítico. En lugar de abrir caminos, lo llenaban de cargas: tareas interminables, exámenes estandarizados, contenidos repetitivos y poco espacio para la reflexión. Más que aulas de enriquecimiento, eran fábricas de estadísticas.

El objetivo no parecía ser formar niños plenos, sino inflar resultados estatales para que las escuelas subieran en los rankings y atrajeran más matrículas. Los niños con mentes luminosas terminaban convertidos en números que servían al prestigio institucional, pero no a su propio desarrollo.

La enseñanza que deja huella no es la que se hace de cabeza a cabeza, sino de corazón a corazón.
—Howard G. Hendricks

Ese modelo atropellaba al niño con contenido, pero no lo invitaba a crear. Lo llenaba de exámenes, pero no lo ayudaba a pensar. En lugar de estimular su curiosidad, lo aplastaba con un calendario de evaluaciones y estadísticas.

Lo más doloroso era ver cómo el entusiasmo inicial de Alex se apagaba poco a poco. Esa chispa que lo llevaba a inventar motores con cucharas o a preguntar sobre el universo comenzaba a opacarse bajo el peso de los deberes interminables y de un sistema que no quería niños que pensaran, sino niños que repitieran.

Más allá de un número

Recuerdo perfectamente el día de la evaluación intelectual. Alex tenía seis años y, aunque intentamos restarle importancia, él comprendió mucho más de lo que imaginábamos. Era imposible ocultarle el propósito real de esas pruebas: sabía que los adultos estaban midiendo, comparando, tratando de ponerle nombre y número a algo que él sentía sin entender del todo.

—¿Mamá, van a medir mi mente? —me preguntó en el auto y esa pregunta, tan simple y tan profunda, me atravesó el alma.

Durante el proceso, observé a los psicólogos con atención. Tomaban notas, hacían preguntas, le ofrecían figuras, secuencias, rompecabezas, palabras. Yo los veía escribir, medir, registrar, mientras que por dentro pensaba: ¿De verdad se puede medir una mente que mira el mundo con tanta complejidad?

Los resultados fueron claros: su coeficiente intelectual estaba por encima de la media. Y aunque ese papel parecía confirmar lo que ya sabíamos, nunca lo viví como un motivo de orgullo, sino como una gran responsabilidad. A partir de ese día, decidí no permitir que un número definiera a mi hijo.

Un test no mide la empatía, la curiosidad, el humor, la sensibilidad, la creatividad, ni la capacidad de ver belleza en una piedra o en el reflejo de un lago. Y esas, precisamente, son las cosas que hacen de Alex quien es.

A lo largo del tiempo, lo hablamos muchas veces. Le expliqué que la inteligencia intelectual era solo un instrumento más, como una caja de herramientas que Dios le había dado para construir su propio camino. No lo hace ni mejor ni peor que nadie, solo distinto. Y, como toda herramienta poderosa, requiere sabiduría para usarla bien.

Un día le dije:

—No creas que tener un IQ alto te va a asegurar el éxito del tener o del ser. Los dos cuestan, y ambos requieren esfuerzo, constancia y corazón.

También le recordé algo que aprendí en el camino: que hay otras inteligencias igual o más importantes que el razonamiento lógico —la emocional, la espiritual, la social—, y que a veces esas son las que realmente definen el rumbo de la vida. El esfuerzo, la perseverancia, la organización y la disciplina son los verdaderos cimientos de cualquier logro. El talento sin esfuerzo se marchita y la inteligencia sin humildad pierde su brillo.

Alex, fiel a su esencia, siempre ha tenido una relación difícil con el concepto de 'esfuerzo'. Aprende rápido, y por eso la repetición lo aburre, lo agobia, lo asfixia. Pero la vida —le digo siempre— no es una carrera de velocidad, sino una travesía de constancia.

Esa es —quizás— la lección más difícil para un niño que entiende tanto y quiere sentir todo al mismo tiempo.

Los mitos del IQ

Vivimos en una sociedad que celebra los números y los rankings, que confunde la brillantez con el valor personal. Pero tener un IQ elevado no garantiza el éxito, ni la felicidad, ni la plenitud. La historia está llena de mentes prodigiosas que se perdieron en su propio laberinto emocional, y de personas comunes que, con trabajo y determinación, alcanzaron alturas inimaginables.

El éxito no es una cifra, es una armonía. Una combinación de propósito, empatía, disciplina y amor por lo que se hace. La verdadera inteligencia no está solo en pensar rápido, sino en pensar con sentido, en usar el conocimiento para edificar, no para competir.

A veces me pregunto si el sistema mide lo que realmente importa. Porque el IQ puede revelar cuán alto puedes llegar en una escala, pero no mide cuán profundo puedes sentir, ni cuánto bien puedes hacer con lo que sabes. Y eso —al final— es lo que define la grandeza humana.

El éxito del tener y del ser

A lo largo de los años, entendimos que el éxito —en la vida, en la escuela o en cualquier proyecto— no depende solo de la inteligencia intelectual. El verdadero equilibrio está en combinar mente, emoción, esfuerzo y propósito. Así lo veo hoy, como madre y como observadora del alma humana:

A continuación comparto algunos porcentajes aproximados según estudios de psicología positiva y educación emocional:

Cualidad	Descripción	Peso aproximado en el éxito integral
Inteligencia Intelectual (IQ)	Capacidad lógica, analítica y de razonamiento. Permite aprender con rapidez y resolver problemas abstractos.	20%
Inteligencia Emocional (EQ)	Comprender, expresar y regular las emociones propias y ajenas. Base del equilibrio, la empatía y las relaciones sanas.	40%
Esfuerzo y Perseverancia	Capacidad de sostener el propósito, incluso cuando el entusiasmo inicial desaparece. La fuerza silenciosa del éxito.	20%
Disciplina y Organización	Hábito de planificar, priorizar y cumplir metas a largo plazo. Transforma el talento en resultados reales.	10%
Valores y Espiritualidad	Propósito, ética, integridad, conexión interior. Lo que da sentido y dirección a todo lo demás.	10%

Elaboración propia con base en la síntesis de estudios y modelos de **Psicología Positiva** [Seligman, 1998], **Inteligencia Emocional** (Goleman, 1995) y **Educación Socioemocional** (OCDE, UNESCO, 2015-2020). Los porcentajes son aproximados derivados de la triangulación de tendencias académicas en desarrollo humano y educación integral.

El éxito no depende de una cifra ni de la rapidez con la que se aprende, sino de la capacidad de **mantener el balance entre mente, corazón y propósito**.

El talento te abre la puerta, pero el carácter
y las emociones deciden cuánto tiempo permanecerás allí.

Aprender a pasar por debajo del radar

Con el paso de los años, algo comenzó a cambiar. La etapa del preescolar fue, sin duda, la más difícil: su energía, su curiosidad y su intensidad chocaban de frente con un sistema diseñado para el silencio y la obediencia. Pero a medida que fue creciendo, Alex empezó a entender las reglas del juego.

Aprendió a ajustarse al entorno sin perderse, a elegir cuándo mostrarse y cuándo callar; a pasar por debajo del radar cuando era necesario. No porque se resignara, sino porque comprendió que la supervivencia también tiene su sabiduría. Sabía cuándo cumplir, cuándo observar y cuándo guardar sus preguntas para más tarde, en otras palabras, cuando era el momento más propicio.

Esa capacidad de adaptación fue, en parte, una forma de madurez emocional: entendió que no siempre vale la pena gastar toda la energía en luchar contra un sistema que no está preparado para comprenderte. Así —gradualmente— fue encontrando su propio equilibrio al dominar el entorno sin someterse a él.

En la obediencia que otros veían, yo distinguía estrategia, y cuando los demás pensaron que 'por fin se había calmado', yo sabía que lo que había aprendido era algo mucho más complejo: moverse entre dos mundos, el de su mente libre y el de las estructuras que le pedían conformidad.

Era como si hubiera descubierto el arte de sobrevivir sin perder su esencia. Y aunque a veces me dolía verlo esconder su luz para evitar conflictos, también entendía que eso formaba parte del proceso de crecer. Aprendió a navegar el sistema, pero sin permitir que el sistema lo definiera.

La escuela como cárcel de la mente y el cuerpo

La libertad no es nada más
que una oportunidad para ser mejor.
— Albert Camus

Un día, mientras regresábamos a casa, Alex me dijo algo estremecedor:

—Mamá, ¿sabes que las escuelas parecen cárceles? ¿No te has fijado en los timbres de los cambios de clase, como las sirenas de prisión? Hablan de *early release*… ¡igual que *release from jail*! Si te quitan un juguete, te dicen que lo tienen en '*June Jail*'; hasta junio no lo recuperas. Te sacan al patio una vez al día para coger sol, y si te portas mal te castigan quitándote el receso. Nos llevan en filas y no podemos ni hablar. Te ponen a repetir y lo peor es que el tiempo no pasa. Algunas maestras hacen preguntas tontas, como ¿a qué vas al baño? ¿A qué se supone? Es como si te encarcelaran la mente y el cuerpo. Se convierte en una tortura.

Nunca lo había visto de esa manera, pero tenía toda la razón. La escuela, que debería ser un espacio de libertad y descubrimiento, muchas veces funciona como una institución de control. Relojes, filas, timbres, permisos, castigos; todo diseñado, no para enseñar a pensar, sino para enseñar a obedecer.

La escuela debería ser el lugar donde se aprende a ser libre.
—Paulo Freire

Lo que Alex describía con tanta claridad era lo que yo venía sintiendo desde hacía años: que el modelo escolar no está hecho para mentes despiertas, sino para moldear dentro de la obediencia colectiva. La creatividad es vista como ruido, la pregunta como desafío, el pensamiento crítico como desobediencia.

La verdadera cárcel no son las paredes, sino la falta de aire para el pensamiento. Una cárcel invisible que encierra la mente cuando se prohíbe preguntar, cuando se castiga la curiosidad, cuando se domestica la libertad interior.

Las pantallas: la nueva aula sin alma

La tecnología debería ser una herramienta para pensar,
no un sustituto del pensamiento.
— D.M. Valdés

Durante años decidimos no darle a Alex una *tablet*. No porque estuviéramos en contra del progreso, sino porque creíamos en el valor del contacto humano, del papel, del lápiz y del silencio fértil. En casa, los libros eran sus ventanas y el piano su refugio.

Muchos niños se entretenían con pantallas, mientras él construía legos, dibujaba, tocaba melodías y hacía preguntas imposibles. No necesitaba que una pantalla lo entretuviera; su mente era su mejor laboratorio.

Pero todo cambió cuando la escuela decidió reemplazar las libretas por *tablets*. Era el año posterior al confinamiento por la pandemia y los colegios habían adoptado la tecnología como nuevo estándar. 'Modernización', lo llamaban. En teoría, era un avance; en la práctica, fue una pérdida silenciosa.

Alex fue parte de esa primera generación que, sin haberlo pedido, pasó de la tinta al cristal: de escribir con las manos a deslizar con los dedos; de mirar al maestro a mirar una pantalla; y de compartir ideas con sus compañeros a compartir archivos digitales.

Al principio parecía cómodo, incluso eficiente. Pero pronto notamos las grietas: su letra se volvió menos firme, su ortografía comenzó a depender del autocorrector y su atención —tan sensible y veloz— empezó a fragmentarse con cada notificación. Lo más preocupante no era el contenido, sino la desconexión emocional: el brillo de la pantalla comenzó a opacar el brillo de su mirada.

Lo que se pierde cuando se borra el trazo

Escribir a mano no es solo un acto motriz: es un proceso neurológico y emocional. Cada letra requiere coordinación, ritmo, presencia. El cerebro, al escribir, no solo aprende palabras: construye pensamiento.

Cuando un niño deja de escribir, deja también de conectar con su cuerpo mientras aprende. Y en lo emocional, el impacto es profundo: la escritura manual deja huellas, no solo en el papel, sino en la memoria afectiva.

Las libretas guardan historias: errores tachados, márgenes con dibujos, pensamientos inconclusos. Son testimonio del proceso. La *tablet*, en cambio, lo borra todo con un toque. No hay historia. No hay rastro.

Alex, siempre lúcido, lo resumió con una frase que aún me remueve:

—Mamá, antes el lápiz era mío. Ahora la *tablet* es de la escuela.

Y tenía razón. En esa frase se esconde una verdad dolorosa: la educación digital nos roba pertenencia.

La paradoja del mundo conectado

Las pantallas prometen conexión, pero nos separan; accesibilidad, pero nos distraen; personalización, pero nos uniforman. El niño curioso se convierte en consumidor pasivo. El aula deja de ser un espacio de exploración y se transforma en un ecosistema de control: registro de clics, tareas automatizadas, programas preestablecidos.

Lo que antes era creatividad ahora es cumplimiento. Y mientras tanto, los padres que decidimos limitar el uso de pantallas somos vistos como 'anticuados'; como si proteger la infancia fuera un acto de rebeldía.

«¿Por qué privarlo de la tecnología?», nos dicen. Pero nadie parece preguntarse: ¿Por qué privarlo de la experiencia humana?

El precio invisible del progreso

La contradicción más grande es que las mismas escuelas que promueven el aprendizaje digital son las que luego diagnostican déficit de atención, ansiedad o falta de habilidades sociales. No se dan cuenta de que, muchas veces, ellas mismas han sembrado la desconexión que intentan remediar.

El exceso de pantallas reduce la tolerancia a la frustración, debilita la concentración y borra el espacio de la imaginación. Los niños aprenden a buscar respuestas rápidas, pero no a sostener una pregunta; a copiar información, pero no a transformarla; a mirar, pero no a observar.

Un llamado a la coherencia

No se trata de demonizar la tecnología, sino de usar con conciencia lo que hoy se impone sin reflexión. El progreso no debería borrar la experiencia humana, sino ampliarla. Y mientras las instituciones celebran la digitalización, los padres necesitamos recordar algo esencial: que la mente se alimenta de conocimiento, pero el alma crece en el contacto, en el error, en la pausa.

La educación del futuro no dependerá de las pantallas, sino de nuestra capacidad para mirar más allá de ellas.

El verdadero aprendizaje no ocurre en la superficie de una pantalla, sino en la profundidad de una mirada compartida.
—D.M. Valdés

El piano: libertad y cadenas

La música es el lenguaje universal de la humanidad.
— Henry Wadsworth Longfellow

Desde los cinco años, el piano se ha convertido en un refugio para Alex. Allí encontró una manera de expresarse y de conectar con algo

50

que iba más allá de las palabras. Aprendía una partitura en apenas diez minutos y con una facilidad sorprendente la memorizaba sin esfuerzo. La música parecía fluir desde él como si siempre hubiera estado allí, esperando ser liberada.

Pero incluso en el piano, chocamos con la misma piedra: el sistema. Las lecciones tradicionales exigían repetición constante, práctica metódica, una disciplina rígida que para él era una prisión. Alex aprendía de inmediato un pasaje para dominarlo, lo que otros niños necesitaban repetir veinte veces, y se aburría al instante con la repetición.

La creatividad es la inteligencia divirtiéndose.
—Albert Einstein

El piano reveló el mismo dilema que la escuela: ¿Cómo mantener viva la chispa en un niño que aprende rápido, pero que necesita libertad para crear?

En muchas ocasiones, lo que para los maestros era indisciplina o falta de esfuerzo, para mí era simplemente la consecuencia de un método que no sabía cómo manejar una mente tan veloz.

Lucía: la música con alma

Todo cambió cuando apareció Lucía, su prima, que más que profesora de piano se convirtió en su mentora, su amiga y su cómplice en la música. Ella no miraba solo las notas escritas en el pentagrama, sino la emoción detrás de cada tecla. No exigía repeticiones mecánicas, sino que le ponía color, historia y movimiento a cada pieza.

Con ella, el piano dejó de ser una obligación y se transformó en un puente hacia la creatividad. Lucía lograba conectar con el alma de Alex —comprender sus silencios, su intensidad— y traducirla en música. Juntos descubrían que una sonata podía ser un cuento, que una melodía podía pintar un paisaje, que una improvisación podía convertirse en vuelo.

La relación entre ambos trascendía lo académico: más que enseñarle, Lucía lo acompañaba. Entendía que Alex no necesitaba reproducir veinte veces una pieza para dominarla; lo que necesitaba era sentirla, jugar con ella, hacerla suya. Ese enfoque marcó la diferencia, convirtió al piano en un espacio de libertad y no de encierro.

Lucía le mostró que la música no era un molde al que debía ajustarse, sino un mundo abierto para explorar. Gracias a ella, Alex pudo mantener viva la chispa de la creación y, al mismo tiempo, encontrar disciplina sin sentirse oprimido.

El piano como espejo

El camino con el piano reflejó la misma tensión que vivimos en la escuela: la lucha entre la genialidad natural y la rigidez del sistema. Pero también demostró que cuando aparece una persona dispuesta a mirar al niño desde el alma, todo cambia.

Lucía fue para Alex en la música lo que Mrs. Emilia había sido en la escuela: una guía que no buscaba apagar su intensidad, sino darle dirección. Ambas le demostraron que el verdadero aprendizaje no se trata de repetir, sino de conectar; no de someter, sino de liberar.

El piano, con sus cadenas y sus alas, se convirtió en metáfora de la vida de Alex: una constante búsqueda de liberación en un mundo que insiste en moldear.

El cambio de rumbo: espiritualidad y valores

Después de tantas batallas con lo establecido, comprendimos que no queríamos seguir atrapados en la carrera por el rendimiento. Decidimos cambiarlo a una escuela más sencilla: privada, católica, con menos rigor académico y más énfasis en lo espiritual. Nuestro deseo era que Alex creciera rodeado de valores, principios y una comunidad que hablara el mismo idioma que en casa.

Las escuelas católicas —con todas sus limitaciones— ofrecían algo que no encontrábamos en otros lugares: un marco espiritual donde la fe, la compasión y la ética son parte del aprendizaje. Y para un niño como

Alex, tan sensible y consciente, esa dimensión es igual de importante que cualquier conocimiento académico.

Allí no se trataba de cuántos exámenes superaba o de cuántas estadísticas engordaban la institución, sino de qué tipo de persona se estaba formando.

Aprender a sobrevivir sin perderse

Con el transcurrir del tiempo vimos un cambio en él. Fue madurando. Aprendió a gestionar el entorno sin someterse del todo a él. Sobrevivía cada día en la escuela, adaptándose lo suficiente para convivir, pero sin olvidar que estaba hecho para un propósito distinto.

Alex comprendió pronto algo que a muchos adultos les toma décadas: que la sociedad juzga implacablemente a quien tiene el valor de mostrarse distinto; que la diferencia incomoda; que la intensidad asusta; y que, muchas veces, lo más fácil es callar.

El precio de ser uno mismo es a menudo la soledad.
—Hermann Hesse

Esa soledad silenciosa lo acompañó en muchos recreos, en muchos pasillos, en muchas miradas que lo señalaban por ser 'demasiado': demasiado sensible, demasiado curioso, demasiado diferente. Pero en lugar de quebrarse, aprendió a observar. Aprendió a leer el entorno, a medir el terreno, a moverse con inteligencia, no para negar quién era, más bien para elegir cuándo y cómo mostrarlo.

De la sociedad aprendió que no todos están preparados para su intensidad y que a veces lo más sabio es guardar silencio; no por no tener voz, sino porque no siempre merece la pena malgastarla en oídos que no escuchan.

Esa fue su gran lección: callar el ruido externo sin silenciarse a sí mismo. Aprendió a distinguir entre lo que debía hacer para sobrevivir y lo que no debía ceder para no perderse. Encontró una delicada armonía entre adaptarse lo suficiente para convivir y mantenerse fiel a su esencia.

La verdadera libertad no consiste en negar las cadenas, sino en elegir qué parte de ti jamás podrán encadenar.

Ese equilibrio ha sido, quizás, lo más poderoso que le ha regalado la vida hasta ahora. Logró descubrir que podía jugar con las reglas de la sociedad sin dejar que lo definieran; que podía obedecer en lo superficial sin rendirse en lo profundo; que podía callar ante el juicio, pero no ahogar la voz que lo guía por dentro.

Y yo, como madre, aprendí con él que la mayor victoria no es enseñar a un niño a encajar, sino a mantenerse en pie, en un mundo que constantemente lo empuja a doblarse.

Capítulo 3

La sociedad y los estereotipos: Entre la admiración y el juicio

El mayor descubrimiento de mi generación es que un ser humano puede cambiar su vida cambiando su actitud.
—William James

Cuando la gente escucha 'altas capacidades', suele imaginar un escenario ideal: un niño brillante, feliz, exitoso, rodeado de oportunidades con un futuro asegurado. La realidad es mucho más compleja. Detrás de esa etiqueta conviven la admiración y el juicio, la celebración y la incomodidad, la esperanza y la incertidumbre.

¡Qué suerte tienes!

A menudo, cuando compartía alguna experiencia sobre Alex, la respuesta más común era: «¡Qué suerte tienes!».

Esa frase, dicha con una sonrisa, escondía muchas veces una incomprensión profunda. Se asumía que tener un hijo con un potencial intelectual elevado era un privilegio absoluto, como si todo estuviera resuelto de antemano. Pero la verdad es que esa 'suerte' viene acompañada de desafíos diarios: ansiedad, frustración, batallas con el sistema educativo y la necesidad constante de encontrar un equilibrio entre su intensidad y las expectativas del entorno.

El '¡qué suerte!' muchas veces minimiza la lucha, como si fuera fácil acompañar a un niño que cuestiona todo, que no encaja en los moldes y que vive con una intensidad desbordante, más allá de cualquier manual de crianza.

La incomodidad de otros padres

La comparación es la ladrona de la alegría.
—Theodore Roosevelt

Si hubo un espacio donde sentí más la presión social, fue entre padres. En reuniones, en las conversaciones después de clases o en los grupos de chat, la comparación era constante: notas, logros, actividades extracurriculares. Para muchos, hablar de sus hijos era también medirlos unos con otros.

En ese escenario, hablar de Alex nunca era sencillo. Lo que para mí era una anécdota inocente sobre su curiosidad o sus preguntas, para otros se convertía en motivo de sospecha, juicio o incluso competencia velada. A veces las respuestas eran frases que buscaban minimizar lo que compartía: «Todos los niños son inteligentes», «Ya se le va a pasar».

Otras veces, la incomodidad se disfrazaba de comparación: «El mío también hace eso», «No es para tanto», «Lo importante es que aprenda a obedecer». Y, detrás de esas palabras, lo que yo sentía no era diálogo, sino un recordatorio continuo de que estábamos caminando un sendero distinto, que los demás no querían o no podían entender.

La incomodidad de esos padres no estaba en Alex, sino en lo que su diferencia reflejaba en ellos: la inseguridad de sus propios procesos de crianza. Entonces, mientras ellos buscaban normalizar o competir, yo solo necesitaba comprensión y empatía.

Los familiares: entre la celebración y la negación

Dentro de la familia, las reacciones fueron tan diversas como los lazos mismos. Algunos celebraban los logros de Alex con orgullo genuino, como si vieran en él una chispa que también los iluminaba. Otros, en cambio, lo miraban con incomodidad, como si su curiosidad o su manera de razonar fuera una excentricidad pasajera.

Y las expresiones llegaban, una tras otra, envueltas en una mezcla de cariño, sutileza y juicio: «Qué desobediente», «No exageres», «Mal portado», «¿Sigue igual?», «¿Todavía con esas cosas?».

Con el tiempo entendimos que muchos no sabían cómo reaccionar. Algunos querían entender; otros preferían trivializar el asunto. No era maldad, sino desconocimiento. Las generaciones anteriores y las nuestras crecieron en una época en la que no se hablaba de altas capacidades intelectuales ni de neurodiversidad. No existían evaluaciones intelectuales ni se consideraban las emociones como parte de la inteligencia. En sus tiempos, la diferencia no se comprendía; se corregía.

En esas conversaciones, las frases se repetían con la fuerza de la costumbre: «Todos los niños son inteligentes», «Eso es solo curiosidad», «Déjalo, ya se le pasará». Aunque muchas veces venían desde el amor, tenían el efecto de borrar la singularidad, de negar lo que claramente era diferente.

Comprender las raíces

Con el tiempo, comprendí que no era una falta de apoyo, sino el resultado de otra forma de entender la infancia. Los mayores estaban acostumbrados a valorar la obediencia, no la curiosidad. Para ellos, el 'buen niño' era el que seguía instrucciones, no el que las cuestionaba. Por eso, cuando Alex mostraba independencia, lo veían como un desafío y cuando expresaba ideas complejas, lo interpretaban como una presunción.

En todo eso no había malicia. Solo una distancia generacional entre dos modos de ver el mundo: el de quienes crecieron en el silencio emocional y el de quienes ahora intentamos criar con conciencia y empatía.

A Dios lo que es de Dios

En algún momento comprendí algo esencial: cada quien lleva su propio camino, sus heridas, sus creencias. Y como dicen las sagradas escrituras: «A Dios lo que es de Dios y al César lo que es del César». No todos entenderán lo que no les pertenece y eso está bien. Nuestro papel no es convencer, sino proteger y honrar la luz que nos fue confiada.

¿Qué espera la sociedad de un niño con altas capacidades?

A menudo juzgamos a los niños no por lo que son,
sino por lo que esperamos que sean.
—Anónimo

Cuando un niño es identificado con una capacidad cognitiva avanzada, inmediatamente la sociedad le coloca una mochila invisible llena de expectativas. Se espera que sea brillante en todo, que siempre saque las mejores notas, que destaque en deportes, que sea maduro, disciplinado y exitoso.

Pero pocas veces se habla de lo que ese niño realmente necesita: espacios de libertad, vínculos genuinos, tiempo para aburrirse, cometer errores sin miedo, equivocarse sin ser juzgado. La sociedad lo mira como un 'recurso' a pulir, no como un ser humano en crecimiento.

El espejo de una película: Vitus

La película que más me hizo reflexionar sobre este tema es *Vitus* (2006), la historia de un niño suizo, prodigio del piano. Desde pequeño muestra un talento extraordinario, al punto de ser considerado un 'niño genio'. Sus padres y maestros ven en él un proyecto de éxito asegurado: fama, conciertos, reconocimiento. Sin embargo, la presión de esas expectativas lo asfixia.

Vitus no quiere ser un 'prodigio de laboratorio' ni un símbolo del orgullo familiar o social. Quiere ser un niño. Quiere volar aviones, jugar, equivocarse, decidir por sí mismo. Su talento no desaparece, pero se convierte en una carga porque el mundo no lo deja ser otra cosa distinta a un pianista prodigio.

Lo que me impactó de la película fue esa contradicción: la sociedad admiraba su talento, pero no su humanidad. Esa es la gran lección de Vitus: cuando el entorno solo ve el potencial y no a la persona, se corre el riesgo de destruir lo que realmente hace único al niño.

Alex y Vitus: semejanzas y diferencias

Salvando las diferencias entre Alex y Vitus, la historia refleja un punto en común: la presión de las expectativas externas. Vitus cargaba con el peso de la genialidad y Alex también sintió desde muy pequeño que de él se esperaba obediencia, perfección y resultados brillantes.

La diferencia es que Alex nunca fue un niño aislado ni socialmente rechazado; supo insertarse, jugar y tener amigos. Pero en lo académico y en lo artístico —como en el piano— se repite la misma tensión: el mundo espera que un niño con talento siempre produzca, siempre rinda, siempre encaje en un molde de excelencia.

La realidad, sin embargo, es otra: Alex no quiere ser el mejor en todo. No le gusta competir ni sentir que su valor se mide en comparación con los demás. Lo suyo no es la carrera por el primer lugar, sino la aventura de aprender a su modo. Quiere explorar, crear, equivocarse, desafiar reglas, encontrar caminos propios. Su mente no busca repetir, sino descubrir.

Esas necesidades no siempre coinciden con lo que la sociedad espera de él, porque el mundo suele premiar la competencia, la perfección y los resultados visibles. Sin embargo, lo que realmente sostiene a un niño como Alex es la independencia para crecer sin comparaciones.

Los padres ante la diferencia: expectativas, desconocimiento y acompañamiento consciente

No educamos lo que decimos; educamos lo que somos.
—Anónimo

Ser madre o padre de un niño con una mente despierta implica recorrer un proceso interno que pocas veces se nombra. Más allá de la sociedad y la escuela, hay un lugar íntimo donde se cocinan las expectativas, los miedos y las decisiones que sostienen —o aplastan— a un niño como Alex. Ese camino suele pasar por seis estaciones: desconocimiento, expectativas invisibles, exigencias involuntarias, experiencia, aceptación y acompañamiento.

1) Desconocimiento: cuando nos falta el mapa.

Muchos de nosotros no crecimos con conceptos como altas capacidades intelectuales, disincronía o hiperexcitabilidad. Venimos de una cultura que recompensaba el rendimiento, la obediencia y el 'portarse bien'. En un entorno así, lo distinto se interpreta primero como exceso o problema y no como necesidad.

Clave: el desconocimiento no es sinónimo de culpa; es un punto de partida. Lo importante es que impulse a buscar información de calidad y escucha profesional, sin convertir al niño en un 'caso' o en un 'proyecto'.

Preguntas guía:

- ¿Qué parte de lo que me inquieta es la falta de información y qué parte es el miedo?
- ¿Estoy mirando su conducta o su necesidad?

2) Expectativas invisibles: lo que el corazón pide sin saberlo.

Sin darnos cuenta, proyectamos deseos: 'que sea feliz', 'que rinda', 'que no sufra'. Son naturales, pero cuando se vuelven condición —'si saca buenas notas, estoy tranquila'—, el niño aprende que su valor depende de resultados.

Idea profunda: cambia el eje cuando pasas de 'logros' a 'trayectorias'. Lo importante no es el trofeo, sino el proceso que lo construye o, a veces, lo descarta para elegir otra travesía más auténtica.

Microcambio en el lenguaje:

- Pasar de ¿Cuánto sacaste? a ¿Qué descubriste? ¿Qué te sorprendió de ti hoy?

3) Exigencias involuntarias: la presión que no vemos.

Las exigencias más pesadas suelen ser silenciosas: cejas que se arquean, suspiros cuando 'no se concentra', comparaciones bien intencionadas. Piden perfección y docilidad a la vez: que piense distinto, pero se comporte igual.

Regla de oro «coherencia sobre obediencia». Prefiere formar criterios propios antes que lograr sumisión impecable. Un niño que puede disentir con respeto está aprendiendo a pensar, no a complacer.

Señales de 'exigencia invisible':

- Te descubres corrigiendo su estilo más que su trato.
- Te frustras si no 'capitaliza' su talento en medallas o listas de clasificación.
- Elogias más el resultado que la curiosidad.

4) Experiencia: el maestro que llega después.

La experiencia educa cuando convertimos el error en maestro y no en juez. Un niño con capacidad cognitiva avanzada necesita **fallar**, sin que el fallo signifique una traición al 'don'.

Práctica: al cerrar el día, puedes hacer estas tres preguntas:

1. ¿Qué probaste de lo que antes no te animabas?
2. ¿Qué aprendiste de lo que no salió?
3. ¿Qué te gustaría intentar de manera distinta mañana?

5) Aceptación: honrar la diferencia sin romantizarla.

Aceptar no es rendirse: es **mirar la realidad de frente**. Alex no tiene que ser 'el mejor', ni 'el prodigio', ni 'el ejemplo de la clase'. Tiene que ser **él**, con su ritmo, su intensidad, sus intereses.

Diferencia clave: la aceptación no es igual al conformismo. Aceptar es diseñar apoyos y límites **a medida**, no según un molde.

Mantra doméstico: Respeto antes que rendimiento. Persona antes que talento.

6) Acompañamiento: presencia que habilita, límites que cuidan.

El acompañamiento consciente combina **alas y raíces**: libertad para explorar más una estructura amable.

- Alas: elección de proyectos, tiempos de profundidad —*flow*—, caminos no lineales.
- Raíces: acuerdos de convivencia, hábitos de descanso, cuidado emocional.

Herramienta PAUSA para padres y docentes:

- Parar: respiro antes de reaccionar.
- Al nombrar: «Veo que estás frustrado porque…».
- Un puente: «¿Qué opción te haría sentido?».
- Sostener límites: «Esto sí/esto no», con razones.
- Agradecer el esfuerzo: «Gracias por intentar de nuevo».

Profundidades prácticas: cómo se ve esto en la vida real

A) Competencia vs. maestría personal.

Alex nunca disfrutó competir. Desde pequeño le incomodaban los aplausos que llegaban solo cuando alguien 'ganaba'. Mientras el mundo parecía obsesionado con el podio, él buscaba otra cosa: el dominio interno, esa sensación de entender, de crecer, de crear algo que tuviera sentido.

En una sociedad que mide el valor en medallas, rankings y comparaciones, los niños como Alex desafían la lógica del éxito tradicional. No buscan ser los mejores sobre los demás, sino ser mejores dentro de sí mismos. Para ellos, la verdadera victoria no está en superar a otros, sino en superarse a sí mismos.

Tu rol de padre, madre o educador es cambiar el foco, pasando del «ganar» al «aprender»: ayudar a que el niño reconozca su propio progreso, incluso si nadie lo aplaude; a celebrar su curiosidad, su esfuerzo, su mejora interna.

Preguntas que abren caminos:

- ¿Qué versión de ti estás construyendo con esto?
- ¿Qué aprendiste de ti mismo hoy que antes no sabías?
- ¿Cómo te sentiste al hacerlo, más allá del resultado?

La métrica doble:

- Externa: la nota, el trofeo, el resultado.
- Interna: la claridad, el disfrute, el coraje, la constancia.

El equilibrio entre ambas mide la verdadera evolución. Cuando un niño aprende a valorar su proceso tanto como su logro, deja de temer al error y empieza a disfrutar el aprendizaje. Eso —más que cualquier medalla— es la semilla de una vida plena.

B) Tiempo del sistema vs. tiempo del niño.

El sistema escolar corre. Tiene prisa por cumplir programas, por llenar casillas, por avanzar al ritmo del calendario. Pero las mentes profundas —como la de Alex— no funcionan con esa velocidad artificial. Su tiempo es otro: más pausado, más reflexivo, más conectado con el proceso que con el resultado.

Mientras el sistema exige productividad inmediata, el pensamiento profundo necesita espacio; necesita pausas largas para procesar, integrar, crear conexiones y dar sentido. No es falta de atención: es profundidad en movimiento.

Tu rol es proteger ese ritmo interno. Ser el guardián del tiempo genuino del niño frente a la prisa del sistema. A veces eso significa decir 'no' a lo innecesario y elegir lo esencial.

Ajustes posibles:

- Negociar **menos tareas repetitivas** que sofocan la curiosidad.
- Priorizar **proyectos de profundidad**, donde pueda explorar, construir o investigar con propósito.
- Establecer **bloques de estudio por interés**, donde el foco sea la inmersión, no la cantidad.
- Respetar el **descanso** no como premio, sino **como herramienta cognitiva**: el cerebro también aprende mientras descansa.

El descanso y el silencio son aliados del pensamiento creativo. A veces, las mejores ideas aparecen cuando el niño no está haciendo, sino simplemente siendo.

El tiempo del sistema mide rendimiento; el tiempo del alma mide comprensión y educar es aprender a escuchar ambos sin traicionar al segundo.

C) Conducta que 'molesta' vs. necesidad real.

Detrás de cada conducta desafiante hay una historia invisible. Lo que a los ojos del adulto parece 'interrupción' o 'rebeldía' muchas veces es otra cosa: aburrimiento genuino, hiperfoco interrumpido, sobreestimulación sensorial o simplemente una necesidad emocional no atendida.

Los niños como Alex no siempre pueden expresar con palabras lo que sienten, pero su cuerpo habla por ellos. La conducta es su idioma más primario: el movimiento, la mirada, el silencio, el estallido; todo comunica.

El cambio de mirada:

- Pasar del juicio al entendimiento.
- De «mal comportamiento» a «mala adecuación del entorno».

Cuando cambiamos la pregunta de «¿qué le pasa a este niño?» a «¿qué necesita este niño?», todo se transforma.

Antes de etiquetar, ajusta el ambiente:

- ¿Hay demasiados estímulos?
- ¿Está aburrido o sobrecargado?
- ¿Su necesidad de movimiento, silencio o curiosidad está siendo ignorada?

A veces basta un cambio de contexto —una pausa, una tarea distinta, una conexión emocional— para que la conducta «difícil» desaparezca sin castigo.

La conducta no es el problema; es el mensajero y cuando escuchamos el mensaje, el síntoma deja de gritar.

D) Lenguaje que valida vs. lenguaje que contrae.

Las palabras tienen poder: construyen o encogen.

El lenguaje con el que nos dirigimos a un niño define cómo se percibe a sí mismo: capaz o defectuoso, comprendido o juzgado.

La validación no significa estar siempre de acuerdo, sino reconocer lo que el niño siente como real para él. Cuando un adulto nombra con respeto lo que el niño no logra explicar, la emoción encuentra alivio y se disuelve.

Reencuadres simples, pero poderosos:

- En lugar de decir «No exageres», di: «Lo que sientes es intenso; vamos a entenderlo juntos».
- En lugar de decir «Concéntrate», pregunta: «¿Qué necesitarías para entrar en modo foco?».
- En lugar de decir «Tienes que obedecer», plantea: «Necesitamos este acuerdo para convivir, ¿cómo podemos hacerlo posible para ti?».

Cada palabra puede ser una puerta o un muro. El lenguaje que valida enseña que las emociones no se combaten, se comprenden.

Educar no es corregir emociones sino traducirlas, porque detrás de cada niño «difícil» hay un alma que solo necesita ser escuchada con ternura y coherencia.

Autoobservación para madres y padres: *check-in* de dos minutos

- ¿Hoy comparé a mi hijo con alguien?
- ¿Elogié más el resultado que la curiosidad o el coraje?
- ¿Puse un límite claro sin humillar?
- ¿Escuché dos minutos sin interrumpir?
- ¿Celebré un microprogreso no visible —paciencia, empatía, honestidad?

Microrrituales que cambian dinámicas

- **Viernes de descubrimientos:** cada quien comparte algo que le voló la cabeza esa semana (sin notas de por medio).

- **Bitácora de coraje**: registrar intentos, no victorias.
- **Semáforo emocional**: rojo —me desbordo—, amarillo —me regulo—, verde —puedo pensar—. Úsalo para decidir cuándo hablar y cuándo pausar.

Expectativas vs. necesidades

La sociedad espera de un niño con talento intelectual:

- Que sea obediente y a la vez brillante.
- Que se adapte al sistema sin cuestionarlo, pero que a la vez lo supere.
- Que siempre muestre resultados visibles (notas, premios, reconocimientos).
- Que su talento sea motivo de orgullo colectivo.

Pero las necesidades reales de un niño como Alex son otras:

- Libertad para pensar distinto y salirse del molde.
- Espacios donde la creatividad importe más que las estadísticas.
- Adultos que lo acompañen en lo emocional, no solo en lo académico.
- La posibilidad de fallar sin que el error sea visto como una traición a su 'don'.

La presión de ser especial puede convertirse en la prisión
más grande.
—Anónimo

Cómo acompañar sin aplastar: guía breve para padres, familiares y docentes

Educar no es llenar un cántaro, sino encender un fuego.
—William Butler Yeats

Los niños con mentes despiertas no necesitan más presión ni más expectativas externas. Necesitan acompañamiento real.

Aquí dejo algunas claves sencillas:

- Valora a la persona antes que el talento.
- No reduzcas al niño a lo que sabe o logra. Recuerda que, antes de ser inteligente, es un niño con emociones, miedos y sueños.
- No compares. Evita frases como «qué suerte tienes» o «todos los niños son iguales». Cada niño tiene su camino, y la comparación solo genera aislamiento.
- Escucha de verdad. Muchas veces sus preguntas no buscan respuestas rápidas, sino acompañamiento. Escuchar con respeto es más importante que responder con exactitud.
- Celebra los procesos, no solo los logros. Un niño de mente despierta también necesita equivocarse, fallar, aburrirse. Cada proceso es valioso, incluso cuando no termina en un premio.
- Cuida lo emocional. No asumas que, porque razona como un adulto, siente como uno. Recuerda la disincronía: su mente va rápido, pero su corazón sigue siendo el de un niño.
- Ofrece libertad sin soltar la guía. No se trata de dejarlos solos, sino de acompañar sin invadir. Un niño brillante necesita alas, pero también raíces.

La sociedad suele esperar demasiado de los niños con talentos: obediencia, perfección, logros constantes. Pero lo que ellos realmente necesitan es comprensión, espacios auténticos y adultos que sepan ver más allá de la etiqueta.

Porque al final, lo que define a un niño como Alex no es lo que el mundo espera de él, sino lo que él mismo está destinado a descubrir. Nuestro rol no es moldearlo, sino abrir caminos para que pueda brillar con su propia luz.

Capítulo 4

Lo emocional y lo social: El peso de sentir demasiado

*No todos los que sienten intensamente tienen un trastorno; algunos
simplemente tienen un corazón que no sabe vivir a medias.*
—Anónimo

Cuando hablamos de capacidad cognitiva avanzada, solemos pensar en la mente, pero rara vez se habla del corazón. La intensidad cognitiva casi siempre viene acompañada de una intensidad emocional igual de poderosa. En ese terreno no hay fórmulas ni manuales: hay abrazos, silencios y un constante aprendizaje de cómo acompañar sin desbordar.

La intensidad emocional: un corazón que arde en segundos

Alex vive las emociones a flor de piel. Su risa es contagiosa, expansiva, luminosa; pero también sus lágrimas —cuando llegan— son torrentes que inundan cualquier espacio. Lo que para otros niños pasa inadvertido, en él se multiplica. Si algo le emociona, lo vive con una pasión desbordante. Si algo lo hiere, lo siente como un abismo.

Quien siente mucho, vive mucho.
—Lord Byron

Esta intensidad no es un defecto, es parte de su esencia. Pero en un mundo que pide equilibrio, moderación y 'no exagerar', ser un niño que siente demasiado puede convertirse en un peso. A menudo se le etiqueta como 'dramático' o 'exagerado', cuando en realidad lo que ocurre es que su sistema emocional procesa todo con una sensibilidad mucho más profunda.

Al mismo tiempo, Alex rara vez se permite llorar. Su manera de canalizar las emociones difíciles no suele expresarse con lágrimas, sino con conductas: se pone desafiante, no colabora, busca llamar la atención. Es como si su corazón ardiera en segundos, pero en lugar de mostrar la vulnerabilidad de un llanto, la tradujera en acciones que parecen rebeldía.

El comportamiento es el lenguaje de las necesidades no dichas.
—L. R. Knost

Esa resistencia a mostrarse frágil lo hace ver fuerte desde afuera, aunque por dentro esté gritando ayuda. Su fortaleza no está en reprimir lo que siente, sino en sostenerlo con una energía que muchas veces lo sobrepasa. Precisamente ahí está nuestro papel como padres: aprender a leer más allá del gesto desafiante, para descubrir la emoción escondida detrás.

La paradoja del niño fuerte y sensible

Desde fuera, muchos lo ven como un niño con carácter, difícil o 'desobediente'. Pero yo he aprendido a leer esos momentos como señales: no son simple terquedad, son **emociones buscando salida**. Donde otros ven un niño que no obedece, yo veo un niño que pide ayuda para dar nombre a lo que siente.

Detrás de cada conducta desafiante hay una emoción que no sabe cómo hablar.
—Anónimo

La fortaleza de Alex no está en reprimir el llanto, sino en la energía con la que intenta sostenerse en medio de la tormenta. He ahí uno de nuestros retos como padres: **no castigar la conducta**, sino **descifrar la emoción** que la provoca.

Lo que aprendimos en casa: técnicas de regulación emocional

Con el tiempo, fuimos creando un pequeño repertorio de técnicas que nos ayudan a regular juntos esos momentos de desborde:

- **Nombrar la emoción.** Decir «parece que estás frustrado» le ayuda a identificar lo que siente.
- **Ofrecer opciones.** En vez de imponer, proponemos caminos alternativos.
- **Espacio de calma.** Un rincón con legos, dibujos y piano; no como castigo, sino como refugio.
- **Respiro conjunto.** Tres respiraciones profundas para 'resetear' el sistema.
- **Validar en vez de minimizar.** Sustituir «no es para tanto» por «entiendo que esto se siente muy grande para ti».

Son herramientas simples, pero poderosas: no eliminan la intensidad, la encauzan.

Ana, la consejera del alma

Educar la mente sin educar el corazón no es educación en absoluto.
—Aristóteles

En una etapa más avanzada del proceso apareció Ana, a quien yo llamaba «la consejera del alma». Más que una profesional, fue una guía que supo mirarnos sin juicios y acompañarnos con sabiduría.

Ana comenzó las charlas con nosotros porque entendió algo fundamental: Alex no tenía un problema, sino **necesidades emocionales que aún no habían sido canalizadas de la manera correcta**. Esa sola diferencia de enfoque cambió el rumbo de nuestra forma de verlo como padres.

En nuestra primera conversación, nos hizo una pregunta que transformó por completo mi manera de entender las emociones:

—¿Saben que todas las personas tenemos algún tipo de problema emocional?

Ana nos explicó que la vida emocional **no es estática ni perfecta**. Todos —absolutamente todos— lidiamos con frustraciones, miedos, inseguridades, ansiedades, duelos, enojos mal manejados. La diferencia no es tenerlas o no, sino cómo aprendemos a reconocerlas y

71

gestionarlas. Ese día entendí que las emociones no son un defecto ni un signo de debilidad, son parte de la condición humana.

Esta revelación nos dejó varias enseñanzas:

- **Romper el tabú.** Admitir que todos tenemos retos emocionales, nos libera de la vergüenza.
- **Normalizar el proceso.** La emoción no es un problema; es información.
- **Construir resiliencia.** La salud emocional no es la ausencia de dolor; es la capacidad de transitarlo.
- **Educar con humildad.** Acompañar a un hijo exige reconocer nuestras propias limitaciones emocionales.

No es la emoción la que daña, sino la falta de herramientas
para manejarla.
—Anónimo

Cuando una emoción no es atendida a tiempo

Ana solía repetirnos que una emoción ignorada no desaparece, sino que se transforma. Si no se escucha, busca otra salida: en la conducta, en el cuerpo, en los pensamientos. Un niño que no recibe ayuda para nombrar lo que siente puede convertirse en un adolescente que lo esconde tras actitudes de rebeldía, y —más tarde— en un adulto que lo traduce en ansiedad, depresión, aislamiento o incluso enfermedades psicosomáticas.

Lo que no se expresa con palabras se expresa con síntomas.
—Anónimo

Cuando una emoción no es atendida a tiempo, se enquista: la tristeza puede transformarse en apatía crónica; la ira contenida se convierte en resentimiento o agresividad; y la frustración constante puede derivar en baja autoestima o en una vida marcada por el perfeccionismo paralizante.

Cuando un niño expresa sus emociones: lo normal y lo sano

Como padres, muchas veces nos incomoda que un niño llore, grite, se enoje o proteste. Queremos paz, orden, silencio. Pero lo cierto es que un niño que expresa sus emociones está haciendo lo más sano y natural: exteriorizar lo que siente, en lugar de guardarlo.

El problema no es que el niño se enoje o haga un berrinche; el verdadero problema aparece cuando nunca lo hace.

Un niño 'tranquilo' y 'bien portado' —todo el tiempo— puede parecer el ideal social, pero también puede ser una señal de alerta —*red flag*—. Cuando un niño nunca muestra enojo, nunca protesta, nunca llora y parece aceptar todo con docilidad, puede que en realidad esté reprimiendo lo que siente para complacer a los adultos o evitar el conflicto.

Las emociones que no se expresan en la infancia, buscan venganza en la adultez.
—Anónimo

Inhibir emociones en la niñez tiene sus consecuencias:

- Desconexión de lo que sienten.
- Adultos complacientes que no saben decir 'no'.
- Resentimiento interno que estalla más tarde — agresividad o pasividad extrema.
- Autoexigencia paralizante: creer que solo se les ama si son perfectos y silenciosos.
- Mayor riesgo de ansiedad, depresión y síntomas psicosomáticos.

El reto no es silenciar, sino dar un cauce seguro: nombrar, validar, enseñar maneras constructivas de expresión.

Lo que no se corrige en la niñez

La infancia es el terreno donde sembramos la semilla de la gestión emocional. Si un niño aprende desde temprano que está bien sentir, que no será juzgado por enojarse, llorar, tener miedo o frustrarse, tendrá herramientas para su vida adulta.

Si en cambio se le silencia, se le exige reprimir o se minimizan sus emociones, con frases como «no es para tanto» o «no llores, no pasó nada», ese niño crece aprendiendo que sentir es peligroso, y como consecuencia se convierte en un adulto que:

- No sabe expresar lo que siente.
- Se desconecta de sí mismo para «funcionar».
- Reacciona con agresividad cuando algo lo sobrepasa.
- Busca refugios poco sanos —adicciones, exceso de trabajo, aislamiento.
- Vive en constante autoexigencia, intentando tapar lo que duele.

Ser adulto con mala gestión emocional

Un adulto que nunca aprendió a manejar sus emociones suele vivir en un péndulo:

- **Desborde:** cualquier situación pequeña desata una reacción desmedida.
- **Bloqueo:** aparenta calma, pero por dentro libra una batalla silenciosa.

Esto no significa debilidad. Significa que ese adulto no tuvo la oportunidad de aprender —en la niñez— una herramienta básica: **reconocer, nombrar y regular lo que siente.**

La sociedad nos prepara para aprobar exámenes, conseguir títulos, cumplir metas, pero pocas veces nos enseña a convivir con nosotros mismos. Así llegamos a la adultez con diplomas en la mano, pero con vacíos emocionales que nadie nos explicó cómo llenar.

El tabú de la salud mental

Hablar de salud mental sigue siendo incómodo. Se asocia con debilidad, locura o fracaso personal. Pero la verdad es que la salud mental no es un lujo, es el **cimiento** de toda vida plena.

El tabú persiste porque celebramos lo visible —éxitos, productividad— y despreciamos lo invisible —dolor interno, necesidad de ayuda—. Negar el dolor emocional no lo hace desaparecer: **lo multiplica**.

El cartel de aprendizaje: las lecciones de Ana

En nuestras sesiones con Ana construimos un cartel con ideas simples para recordar día a día. Lo comparto porque puede servir a padres, madres y docentes:

Cosas que he aprendido:

- El **cerebro** pilota el avión.
- Las **emociones** se sientan en el asiento de **copiloto**.

¿Cómo regular las emociones?

- Cinco respiraciones profundas.
- Alejarse, tomar distancia.
- Contar hasta diez.
- Cambiar el pensamiento.
- Pedir un minuto, tomar un descanso.

Sobre las emociones:

- Hay emociones 'difíciles' y emociones 'fáciles'. Ninguna es mala.
- Todas las emociones son normales y universales.

¡Pompones!

- Todas las emociones varían en intensidad.
- Todas vienen y van.

Triángulo Cognitivo-Conductual (CBT)

Pensamientos ↔ Emociones ↔ Acciones

No siempre podemos cambiar lo que sentimos, pero sí lo que pensamos y eso cambia cómo actuamos.

Estados del cerebro:

- **Ejecutivo**: calma, control, soluciones, perspectiva.
- **Emocional**: frustración, impulsividad, necesidad de conexión.
- **Supervivencia**: lucha-huida, miedo, pérdida de control.

Emociones difíciles que aprendimos a nombrar:

- **Tristeza**: necesidad de consuelo.
- **Miedo**: temor real o imaginado.
- **Ira**: respuesta a frustración o injusticia.
- **Vergüenza**: miedo al juicio de otros.
- **Culpa**: sensación de haber fallado.
- **Frustración**: cuando la realidad no coincide con el deseo.
- **Ansiedad**: miedo anticipado, vivir en el futuro.

Lecciones de Ana

El cerebro pilota

Las emociones se sientan en el asiento del copiloto. (El pensamiento guía, las emociones acompañan.)

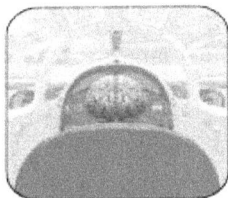

Pompones emocionales

Las emociones varían en intensidad y son temporales.

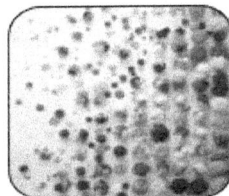

Cómo regular emociones

Estrategias para gestionar nuestras emociones diarias.

Triángulo Cognitivo

Pensamientos ↔ Emociones ↔ Conducta.

Sobre las emociones

Hay emociones "difíciles" y emociones "fáciles". Todas son normales y universales.

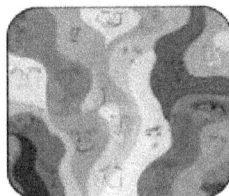

77

La educación emocional: una asignatura pendiente

Con Ana descubrimos algo que cambió nuestra mirada: **la educación emocional no es opcional, es vital**. La sociedad habla mucho de logros académicos, de rendimiento escolar, de competencias técnicas, pero pocas veces pone sobre la mesa la importancia de **manejar la frustración, empatizar y comunicar lo que sentimos**.

Sin embargo, el tema de las emociones sigue siendo un tabú. Se nos enseña a leer, sumar y memorizar, pero no a **nombrar la tristeza, gestionar la ira o pedir ayuda**.

El analfabeto del siglo XXI no será el que no sepa leer ni escribir, sino el que no sepa gestionar sus emociones.
—Daniel Goleman

Debería existir en todos los colegios una asignatura dedicada exclusivamente a las emociones. No como apéndice, sino como pilar del currículo. Porque, al final, ¿de qué sirve formar genios intelectuales si no saben convivir consigo mismos ni con los demás?

Educadores del alma

Creo que todo padre necesita una Ana y una Emilia en su camino. Dos figuras que no solo enseñan, sino que acompañan. Ellas han sido para nosotros educadoras emocionales, las verdaderas cuidadoras del alma. Nos recordaron que detrás de cada mente brillante hay un corazón que necesita sostén, y que ninguna capacidad intelectual florece si las emociones no tienen un lugar seguro donde habitar.

El equilibrio mente-corazón

Quien enseña a un niño a conocerse a sí mismo le ha dado la herramienta
más poderosa para toda la vida.
— Sócrates

En lo emocional y lo social, los niños como Alex cargan un peso doble: **sienten demasiado** y, al mismo tiempo, **son juzgados por ello**. Lo que el mundo llama «exageración» es —en realidad— su manera genuina de experimentar la vida.

El reto no es **silenciar** ese ímpetu, sino **enseñarle a vivir con él** sin que lo desgaste. Porque al final, un corazón que late fuerte es también el que tiene más capacidad de **amar, empatizar y transformar** lo que toca.

De todas las lecciones que nos dejó este recorrido, hubo una que se grabó para siempre: **la inteligencia emocional es la más importante de todas**. No basta con nutrir el intelecto si no se acompaña el corazón. El verdadero equilibrio surge cuando el **pensamiento** y la **emoción** encuentran armonía.

La educación debería ser la puesta en libertad del niño,
no su domesticación.
—Rabindranath Tagore

Lo que Alex nos pide sin palabras:

- No me midas; mírame.
- No me apures; acompaña mi ritmo.
- No me domestiques; enséñame a convivir, sin apagar mi criterio.
- No hagas de mi talento una bandera; haz de mi humanidad un lugar seguro.

Porque el alma de un niño no se moldea, se acompaña, y solo quien mira sin medir comprende de verdad.

Capítulo 5

Estrategias familiares: Criar sin manual

No hay manera de ser una madre perfecta,
pero hay un millón de maneras de ser una buena madre.
—Jill Churchill

Criar a un niño con una mente despierta no es seguir una guía, sino escribir una nueva. No existen manuales que anticipen lo que se siente criar a un niño que desafía los moldes, que piensa distinto, que siente profundo y que te reta a reinventarte a diario. Cada familia que vive esta experiencia acaba construyendo su propio mapa.

Este capítulo no ofrece fórmulas, sino caminos recorridos; estrategias que nacen de la experiencia y —sobre todo— del amor.

En el caso de Alex, cada etapa fue un nuevo comienzo: lo que funcionaba un mes, dejaba de hacerlo al siguiente; lo que parecía una dificultad se transformaba en fortaleza; lo que parecía un problema, era en realidad una puerta a la comprensión.

Con el tiempo entendimos que no bastaba con educarlo, debíamos acompañarlo. No bastaba con enseñarle, teníamos que aprender junto a él. Pero sobre todo, debíamos construir un hogar que fuera refugio, no laboratorio.

Crear refugios en casa

La casa se convirtió en nuestro primer espacio de aprendizaje emocional. Allí descubrimos que las rutinas pueden ser flexibles, que el abrazo muchas veces enseña más que cualquier discurso, y que escuchar sin interrumpir puede calmar tormentas invisibles.

Aprendimos que Alex necesitaba libertad, pero también contención. Que podía tener su propio ritmo, pero dentro de un marco de respeto y estructura. Creamos pequeños rituales: cenas sin pantallas, charlas nocturnas antes de dormir, paseos para pensar y desahogar.

En casa, cada conversación era una oportunidad para que él aprendiera a poner nombre a lo que sentía. A veces bastaba una frase sencilla: «Está bien sentirse frustrado, pero veamos qué puedes hacer con eso». La clave fue transformar el conflicto en conexión.

Actividades que nutren

Alex siempre ha sido un creador. Desde pequeño se cobijó en los legos, el dibujo y el piano, pero con el tiempo fuimos encontrando nuevas actividades que alimentaran su curiosidad y canalizaran su energía creativa.

Con los legos, encontraba su propio ritmo y sentido. Podía pasar horas construyendo sin mirar las instrucciones. Su mente no buscaba seguir caminos trazados, sino descubrir los propios. Los legos se convirtieron en su laboratorio mental, donde el error no era fracaso, sino parte del proceso.

El dibujo, en cambio, era su vía de expresión emocional. Lo calmaba, lo centraba y lo ayudaba a poner en imágenes lo que a veces no podía decir con palabras.

El piano se convirtió en el lenguaje de su alma. Desde los cinco años, la música fue su puente con el mundo interior. Aprendía partituras en minutos, aunque se aburría con la repetición. No obstante, el piano le enseñó disciplina, sensibilidad y la magia de crear belleza con sus propias manos.

Con el tiempo, descubrimos que Alex también necesitaba contacto con la naturaleza, algo que lo conectara con el silencio, la paciencia y la observación. Así llegó la pesca, una actividad que le abrió una nueva forma de entender el mundo.

La pesca se convirtió en un ritual. Más que capturar peces, era una práctica de calma, enfoque y conexión con el entorno. Le enseñó la espera, la contemplación y el valor del silencio. En cada jornada junto al agua encontraba respuestas que no aparecían en los libros ni en las aulas, y nosotros —como padres— descubrimos que no hay mejor escuela que el tiempo compartido, la naturaleza y las conversaciones sin prisa.

Otra pasión inesperada fue el estudio de las piedras. Su fascinación por los minerales comenzó un día cualquiera, con una piedra brillante que encontró en el patio. Desde entonces, quiso saberlo todo: sus nombres, su composición, su origen. Su colección fue creciendo y con ella su asombro ante los secretos que guarda la Tierra.

Recuerdo una anécdota en la escuela: un día me llamaron porque Alex había sido reportado. Había encontrado un trozo de cuarzo en el patio y —movido por la curiosidad— quiso abrirlo para ver cómo era por dentro. Lo hizo sobre su pupitre y en el intento dejó un pequeño rayón en la superficie. La maestra lo interpretó como una travesura, una falta de respeto al material. Pero la realidad era otra: Alex no quería dañar el pupitre, quería entender. Posiblemente fue el descubrimiento más interesante que tuvo ese día en la escuela y no se lo enseñó ella.

Hablamos con él en casa y le explicamos que su curiosidad era un regalo, pero que debía cuidar los espacios y los objetos. Le dijimos que podía seguir explorando, solo que debía hacerlo en otro lugar, donde no causara daños. No se trataba de corregir su deseo de aprender, sino de guiarlo para que su curiosidad no lastimara nada en el proceso.

Esa experiencia nos recordó que los niños como Alex aprenden haciendo, preguntando, probando. Que muchas veces lo que el sistema califica como indisciplina es simplemente la manifestación de una mente que necesita comprender el mundo con las manos, no solo con los ojos.

Las actividades que nutren no siempre son las más académicas o reconocidas. A veces, un niño encuentra su equilibrio en aquello que lo conecta con su esencia, bien sea crear, tocar, observar, imaginar o simplemente descubrir.

La tribu necesaria

Ningún niño crece solo y ningún padre puede hacerlo todo sin una red. En nuestro caso, esa red fue pequeña, pero poderosa.

Entre esas personas esenciales está la tía Amalia, quien percibió la particularidad de Alex desde que lo vio cuando apenas era un bebé.

Recuerdo sus palabras: «Sus ojos no miran, analizan; escanean el mundo con una voracidad impresionante».

Ella fue una de las primeras en comprenderlo y en ayudarnos a verlo tal cual era: un niño con una percepción aguda, una mente rápida y un corazón sensible. Su mirada amorosa nos dio serenidad en los momentos en que la duda se colaba.

Luego está Mrs. Emilia, su primera maestra, psicóloga y amiga. Fue ella quien, con solo observarlo en el aula, comprendió que Alex no era 'desobediente', sino un niño que necesitaba más. Miró más allá de la conducta y vio la necesidad. Gracias a ella entendimos que su mente iba más rápido que sus emociones y que acompañarlo no era cuestión de exigir, sino de equilibrar. Su consejo de cuidar su mundo emocional fue una brújula que aún orienta nuestra crianza. Mrs. Emilia fue —y sigue siendo— esa figura que todo niño necesita: una educadora que enseña con el alma.

Y está Lucía, su prima y guía musical. Ella no solo fue su mentora en el piano, sino un ejemplo de empatía y sensibilidad. Fue quien nos introdujo al mundo de la **Antroposofía** y la pedagogía **Waldorf**, filosofías que promueven una educación más humana, donde el arte, el ritmo natural y la conexión interior tienen tanto valor como la razón.

La Antroposofía, basada en las ideas de Rudolf Steiner, considera que la educación debe atender no solo la mente, sino también el cuerpo y el alma del niño. Se centra en acompañar los procesos naturales del desarrollo, respetando su individualidad y despertando la imaginación a través del arte, el movimiento y la naturaleza.

Comprendimos que este enfoque era profundamente necesario para niños como Alex, es decir, aquellos que no solo necesitan aprender, sino también sentirse comprendidos; que no buscan competir, sino crear y pertenecer.

Y finalmente, llegó Ana, nuestra consejera del alma. Ella apareció en una etapa más avanzada, cuando ya habíamos pasado por diagnósticos, teorías y cansancio. Su mirada no buscó patologías ni etiquetas; buscó humanidad. Ana nos enseñó que Alex no tenía problemas, sino necesidades no canalizadas correctamente. Fue ella quien nos introdujo al mundo de la **inteligencia emocional** y nos mostró cómo las emociones son el lenguaje más puro del alma.

En cada sesión con Ana entendimos que el verdadero trabajo no era cambiar a Alex, sino aprender a escucharlo emocionalmente. Nos recordó que detrás de cada conducta desafiante hay una emoción que intenta hablar, y que los niños no necesitan ser corregidos tanto como comprendidos.

Gracias a ella aprendimos que criar no es solo educar la mente, sino cuidar el corazón. Acompañar a un niño emocionalmente es el acto más profundo de amor y respeto que puede existir.

Abi, la raíz que sostiene

> *Las raíces no se ven, pero son las que sostienen la luz.*
> —Anónimo

En toda historia luminosa hay una raíz silenciosa que la sostiene. En nuestro caso, esa raíz tiene nombre: Abi, mi madre, la abuela de Alex.

Siempre he creído que Alex heredó de ella su fortaleza. Esa fuerza tranquila que no necesita imponerse para hacerse sentir. Esa serenidad que resiste las tormentas sin perder la ternura. Abi ha sido más que una abuela; ha sido un pilar en nuestro camino, una presencia constante que equilibra, acompaña y comprende incluso cuando el mundo no lo hace. Su sabiduría no viene de los libros, sino de la vida, de esas lecciones que solo el tiempo enseña y que ella supo transmitir con amor y sin juicios.

Su conexión con Alex es especial, casi espiritual. Hay algo en su mirada que él reconoce de inmediato, como si compartieran un lenguaje secreto que no necesita palabras. Cuando él se siente agitado, bastan sus manos, su voz o su simple presencia para devolverle la calma. Es como si la energía entre ellos fluyera sin filtros, como si las almas se entendieran antes que las mentes.

En momentos difíciles, cuando el cansancio o la duda me hacían sentir perdida, era ella quien me recordaba con firmeza:

—No temas, hija. La fuerza no se hereda en los músculos, sino en el alma.

Tenía razón. Porque lo que sostiene a una familia no es la perfección, sino la red de amor que se teje entre generaciones. Abi ha sido parte esencial de esa red, ayudándonos a ver que el amor verdadero no sobreprotege, sino que guía; no impone, sino que inspira.

En muchas formas, su presencia nos ha enseñado que criar a un niño con una mente despierta no es tarea de una sola persona, sino de una tribu que comparte una misma luz. En nuestra tribu, esa luz lleva su nombre.

Porque detrás de cada niño fuerte hay una abuela que —en silencio— le enseñó a no rendirse.

Nuestra tribu no fue grande, pero sí real. Gente que miró más allá de la conducta y vio el alma. Personas que, como Abi, la tía Amalia, Mrs. Emilia, Lucía y Ana entendieron que un niño diferente no necesita moldearse, sino protegerse para poder florecer.

Una familia no es la que enseña a caminar derecho,
sino la que te acompaña cuando decides volar distinto.
—D.M. Valdés

Errores y aprendizajes

Educar a un niño con una mente despierta es un viaje sin mapa; uno que te enseña más de ti mismo que de él. En ese recorrido nosotros también tropezamos muchas veces.

Nos equivocamos al principio del proceso al dejarnos influenciar por la presión social, por escuchar las voces externas que decían lo que debía ser 'normal', 'correcto' o 'esperable'. Intentamos comparar, ajustar, corregir. Quisimos —sin darnos cuenta— que Alex encajara en un molde que no estaba hecho para él, porque así nos enseñaron a vivir: obedeciendo, complaciendo, sin destacar demasiado.

Pero algo sí tuvimos claro desde el principio: **no queríamos apagar su luz**. No queríamos que perdiera esa curiosidad insaciable, esa mirada libre que busca entenderlo todo. A veces lo logramos; otras, fallamos. Un día parecía avanzar; al siguiente, retrocedíamos dos pasos. Pero cada experiencia nos regalaba una nueva oportunidad de conocerlo mejor, de entender cómo guiarlo sin quebrarlo y de acompañarlo sin dirigirlo.

Criar a Alex fue —y sigue siendo— una escuela de humildad, una prueba diaria de paciencia, empatía y desapego. Porque educar a un niño tan intenso te enfrenta a tus propias sombras: al control, al miedo, a la necesidad de validación social.

Un día alguien me dijo algo que se grabó en mí para siempre: «Todo padre es el padre perfecto de los hijos de los demás».

Cuánta sabiduría hay en esa frase. Es fácil juzgar la crianza ajena desde afuera, pero cuando la vida te entrega un hijo que te desafía en cada paso, descubres que no hay recetas ni fórmulas; solo amor, intuición y disposición a aprender.

Vivimos en una cultura que idolatra la perfección: padres que presumen logros, hijos obedientes, calificaciones altas. Pero la verdadera crianza ocurre en lo invisible, en las conversaciones difíciles, en las noches de preocupación, en los silencios donde elegimos escuchar en lugar de imponer.

Criar no es una competencia. Es una carrera de fondo, la más exigente y profunda de todas. Una profesión sin títulos, sin ascensos, sin pausas, pero con la capacidad de transformar generaciones.

La empresa más importante es la familia. No existe proyecto más trascendente que su formación. Nos pasamos la vida persiguiendo aumentos de salario, reconocimiento o prestigio, y olvidamos que nuestro verdadero legado no son los logros que acumulamos, sino los hijos que formamos, las almas que acompañamos mientras encuentran su propio camino en el mundo.

Criar debería ser considerado una profesión sagrada, una que requiere autoconocimiento, equilibrio emocional, empatía y resiliencia. Cuando comprendamos que **criar con conciencia es el trabajo más noble y transformador que existe**, quizá dejemos de buscar éxito afuera y empecemos a construirlo adentro, en ese pequeño universo que llamamos hogar.

Capítulo 6

Reflexiones y propuestas: Hacia un sistema que abrace la diferencia

El propósito de la educación no es llenar la mente de hechos,
sino encender una llama.
—William Butler Yeats

Después de avanzar en este camino con Alex —de escuchar, tropezar, comprender y volver a empezar— he llegado a una certeza que va conmigo cada día: **no hay nada que transformar más urgente que la mirada social y educativa sobre la infancia**.

Vivimos en una época que celebra los logros, pero olvida la esencia. Un sistema que mide la inteligencia en cifras, calificaciones o resultados, pero pocas veces se pregunta si el niño es feliz, si se siente visto, si entiende el sentido de lo que aprende.

El mundo dice querer niños brillantes, pero no siempre está preparado para acogerlos.

Cambiar la mirada: del molde al propósito

El cambio más profundo debe comenzar en la forma en que miramos a los niños. No son recipientes vacíos que debemos llenar de información; son almas en proceso de descubrimiento. Cada uno llega con una luz distinta y el papel del adulto no es uniformar, **sino acompañar esa luz para que no se apague**.

El sistema educativo necesita menos estandarización y más humanidad; menos programas cerrados y más espacios abiertos; menos exámenes que midan y más experiencias que inspiren.

En lugar de castigar la diferencia, deberíamos celebrarla. En lugar de suprimir la curiosidad, deberíamos cultivarla. En lugar de enseñarles a obedecer, deberíamos enseñarles a pensar, a decidir, a construir su propia ética.

La educación no consiste en enseñar hechos, sino en enseñar a pensar.
—Albert Einstein

Un niño que aprende a **pensar por sí mismo** nunca será manipulado por la ignorancia ni sometido a la rutina. Ese debería ser el verdadero objetivo de cualquier escuela: formar seres libres, críticos y emocionalmente plenos.

Un sistema que eduque la mente y el corazón

La educación actual ha avanzado mucho en tecnología, pero poco en sensibilidad. En nombre del progreso, hemos llenado las aulas de pantallas, pero hemos vaciado los vínculos de significado. El aprendizaje real no se mide en notas, sino en **curiosidad, empatía y sentido de propósito**.

Necesitamos **escuelas que integren la inteligencia emocional como pilar**, no como complemento. Lugares donde los niños aprendan a nombrar lo que sienten, a resolver conflictos con palabras y no con castigos, a comprender que las emociones no son debilidad, sino brújula.

Así como se enseña a multiplicar, se debería instruir para lograr la calma. Así como se evalúa la ortografía, debería valorarse la empatía. Un maestro que escucha puede cambiar una vida más que mil evaluaciones.

Educar la mente sin educar el corazón no es educación en absoluto.
—Aristóteles

Imaginemos escuelas donde el arte, la naturaleza, la música, el silencio y la reflexión tuvieran el mismo valor que las matemáticas o las ciencias; donde la creatividad fuera una materia diaria, y no un lujo ocasional. Es allí donde florecerían las mentes intensas, las almas curiosas, los niños que hoy se sienten 'demasiado'.

Una sociedad que abrace la diferencia

No solo las escuelas necesitan transformarse: **la sociedad entera debe aprender a convivir con la diversidad**. A veces, sin quererlo, las familias de niños con un perfil de aprendizaje avanzado o sensibilidades diferentes cargan con una soledad profunda. No porque falte amor, sino porque sobran juicios.

La sociedad debe dejar de etiquetar, comparar o minimizar. Debe aprender a escuchar sin competir, a custodiar sin opinar, a valorar sin envidiar. Detrás de cada niño intenso hay una familia que intenta sostenerlo en un mundo que no siempre lo comprende; y detrás de cada madre o padre cansado hay un amor que no se rinde, aunque nadie lo aplauda.

Necesitamos comunidades más empáticas, que celebren el progreso emocional tanto como el académico y que entiendan que cada niño —sea cual sea su ritmo o talento— tiene un valor infinito por el simple hecho de existir.

El alma humana no tiene una talla única.
—Carl Jung

Mensaje de esperanza y empoderamiento

Si algo he aprendido en este sendero es que **no hay una sola manera de ser brillante**. La luz no siempre se muestra en premios ni diplomas, sino en gestos pequeños: una pregunta profunda, una mirada compasiva, una idea que desafía lo establecido, una emoción que se expresa sin miedo.

A las madres y padres que leen estas páginas: no se sientan solos. No hay manual, pero sí hay camino. Confíen en su intuición, aunque el mundo la cuestione. No teman educar de modo diferente, aunque los demás no lo entiendan y —sobre todo— **no apaguen la luz de sus hijos para que encajen en un sistema que aún no ha aprendido a ver el brillo**. Enséñenles a respetar, pero también a cuestionar, a adaptarse sin perder su esencia, a tener raíces firmes y alas grandes.

Porque el cambio empieza en casa, en cada diálogo, en cada abrazo que valida, en cada mirada que dice: «Te veo. Te entiendo. Eres suficiente tal como eres».

No todos los niños aprenden de la misma forma, pero todos pueden brillar si se les da el espacio y el amor necesario.
—Anónimo

Es posible que algún día, si logramos sembrar esta semilla en más corazones, tengamos un mundo en el que ya no etiquete la diferencia, sino que la celebre como el mayor signo de evolución humana.

Epílogo
Donde la luz encuentra su lugar

Hay dos maneras de difundir la luz: ser la lámpara
o el espejo que la refleja.
—Edith Wharton

Cuando tomé este rumbo, no imaginaba la magnitud de lo que significaba acompañar una mente despierta. No era solo educar a un niño distinto, era **reeducarme como madre, como mujer, como ser humano.**

Aprendí que no se trata de tener todas las respuestas, sino de **saber escuchar las preguntas correctas**; que educar no es moldear, sino brindar compañía; y que las luces más intensas no se controlan, se cuidan.

Este libro nació del deseo profundo de ponerle palabras a una experiencia que, durante mucho tiempo, se vivió en silencio. Nació de la soledad, de la incomprensión. Pero también surgió de la esperanza y la certeza de que **cada niño que brilla demasiado fuerte para los estándares del mundo está aquí para recordarnos que el mundo necesita más luz, no menos.**

Alex me ha enseñado que la sensibilidad no es una debilidad, sino una forma superior de percepción; que la curiosidad no es rebeldía, sino hambre de verdad; que la intensidad no es un defecto, sino un llamado a vivir con propósito. Él me ha mostrado que la educación más poderosa es la que se da con el ejemplo, con la paciencia y con el alma abierta.

Hoy sé que dar acompañamiento a una mente brillante implica también reconocer nuestras propias sombras y sanarlas. Nos obliga a gestionar el miedo; a desaprender el juicio y la comparación; a criar sin máscaras; y a reconocer que somos imperfectos, pero que amamos con fuerza suficiente para aprender a hacerlo mejor cada día.

Este viaje me cambió.

Ya no busco que Alex encaje; busco que florezca. Ya no quiero que obedezca ciegamente; quiero que piense, que cuestione, que elija con conciencia. Ya no temo su diferencia; la celebro, porque en ella reconozco el futuro.

A quienes acompañan niños como Alex

A las madres y padres que viven entre diagnósticos, dudas y etiquetas, les digo: respiren, no están solos. Lo que hoy parece una batalla, mañana será sabiduría. Lo que ahora duele, un día se transformará en fuerza. Críen con amor, con firmeza, con ternura, pero sobre todo con autenticidad. No teman alejarse del patrón; el amor genuino siempre encontrará su propio sendero.

Y a los educadores que deciden mirar más allá del comportamiento y ver al niño: ¡Gracias! Ustedes son las verdaderas luces de cambio; son quienes pueden hacer que un niño que se siente 'demasiado' descubra que —en realidad— es **exactamente lo que el mundo necesita**.

Educar es creer en la posibilidad de transformar al ser humano.
—Paulo Freire

Cierro este libro con gratitud

Gratitud por cada lágrima, cada descubrimiento, cada palabra que nació de la experiencia y no de un manual.

Gratitud por Alex, mi maestro pequeño, de quien aprendí que la verdadera inteligencia es la del corazón.

Gratitud por cada familia —como la nuestra— que elige criar con conciencia, con amor y con valor, aun cuando el mundo no entienda esa manera.

Mi completa gratitud porque al final, criar a un niño con una mente despierta no es una carga, es un **privilegio sagrado**; es ser testigo de una luz que desafía la oscuridad, que ilumina sin permiso, que inspira sin proponérselo.

Si este libro logra que un solo padre, madre o maestro mire a un niño diferente y diga: «Te veo. Te entiendo. Eres suficiente tal como eres». Entonces esta historia habrá cumplido su propósito.

Que tu luz brille sin miedo. El mundo necesita exactamente
eso que tú eres.
—Autor desconocido

Nota al lector

Gracias por llegar hasta aquí.

Si estás leyendo estas líneas, tal vez te hayas sentido identificado con alguna parte de esta historia. Quizás también estés criando, acompañando o educando a un niño que desafía las normas, que piensa diferente, que siente demasiado o que te obliga a reinventarte cada día.

Este libro no pretende dar respuestas absolutas, sino abrir conversaciones. Porque la crianza —y especialmente la de una mente despierta— no se vive desde el control, sino desde la comprensión. Acá no se trata de corregir, sino de **conectar**.

Cada capítulo de esta obra nació de una vivencia real, de una emoción, de una búsqueda. Es mi testimonio como madre, pero también una invitación: **a mirar con otros ojos**, a cuestionar lo establecido, a abrazar la diferencia y a reconocer el valor infinito que hay en cada niño, con su propio ritmo, su luz y su forma de habitar el mundo.

Ojalá estas páginas sirvan como espejo, refugio o inspiración. Ojalá te recuerden que **no estás solo o sola** en el camino de educar con conciencia y amor.

Si algo he aprendido, es que el propósito de todo este recorrido no es que nuestros hijos se adapten a un mundo imperfecto, sino ayudar a construir un mundo más humano donde puedan ser ellos mismos.

Si alguna vez sientes que estás cansado o confundido, recuerda esto: no existen padres perfectos, solo corazones dispuestos a aprender.

En el aprendizaje mutuo —entre el adulto que guía y el niño que enseña— se revela la verdadera sabiduría de la vida.

Gracias por estar ahí, por leer con el alma y por ser parte de esta luz compartida.

Con gratitud y esperanza,
—D. M. Valdés

Bibliografía y lecturas del alma

Aron, E. N. (2020). *El don de la sensibilidad*. (A. Cutanda Morant, Trad.). Barcelona: Ediciones Obelisco.

Delisle, J., & Galbraith, J. (2002). *When Gifted Kids Don't Have All the Answers: How to Meet Their Social and Emotional Needs*. Minneapolis: Free Spirit Publishing.

Freire, P. (1996). *Pedagogía de la autonomía: Saberes necesarios para la práctica educativa*. México: Siglo XXI Editores.

Goleman, D. (1995). *Inteligencia emocional*. Barcelona: Editorial Kairós.

Mackenzie, R. J. (1996). *Setting Limits with Your Strong-Willed Child*. New York: Harmony Books.

Neihart, M., Pfeiffer, S. I., & Cross, T. L. (2016). *The Social and Emotional Development of Gifted Children*. Waco, TX: Prufrock Press.

Piechowski, M. M. (2006). *Mentes intensas: comprensión de la sobreexcitabilidad en los niños superdotados. Journal of Secondary Gifted Education*, 17(1), 44-53.

Renzulli, J. S. (2005). *The Three-Ring Conception of Giftedness: A Developmental Model for Promoting Creative Productivity*. Thousand Oaks, CA: Sage Publications.

Siegel, D. J., & Bryson, T. P. (2011). *El cerebro del niño*. Barcelona: Alba Editorial.

Silverman, L. K. (2013). *Giftedness 101*. New York: Springer Publishing Company.

Steiner, R. (1995). *La educación del niño según la ciencia espiritual*. Buenos Aires: Editorial Antroposófica.

Tagore, R. (2007). *La educación del hombre*. Madrid: Editorial Trotta.

Winner, E. (1996). *Gifted Children: Myths and Realities*. New York: Basic Books.

Nota del autor sobre las Referencias Bibliográficas

Estas páginas y autores acompañaron mi búsqueda por comprender lo que no siempre tiene nombre: la unión entre el intelecto, el corazón y la luz que habita en los niños con una mente despierta.

Cada uno, desde su enfoque —la psicología, la pedagogía, la filosofía o la espiritualidad—, me ofreció algo distinto: una idea que iluminó, una frase que sostuvo, una evidencia que validó lo que —como madre— ya intuía.

No busqué teorías para explicar a mi hijo, sino caminos para entenderlo sin apagar su esencia.

Estos libros y autores fueron faros en ese proceso: me recordaron que la educación verdadera no nace de la norma, sino de la mirada que ve el alma detrás de la conducta; que la inteligencia no se mide, se acompaña; y que la sensibilidad, cuando es comprendida, se convierte en fuerza.

A todos ellos y a quienes siguen escribiendo y enseñando desde la ternura y el respeto profundo por la infancia, mi gratitud eterna.

Porque sin sus voces, esta historia habría sido solo una vivencia; gracias a ellos, se transformó también en comprensión.

—D. M. Valdés

Sobre la autora

D.M. Valdés es madre, esposa e hija, pero —sobre todo— es una mujer que aprendió que el amor, cuando se vive con propósito, se convierte en el más poderoso motor de transformación.

Formada en Derecho y Relaciones Internacionales, D.M. Valdés siempre sintió una profunda curiosidad por comprender el mundo y las relaciones humanas. Sin embargo, fue la maternidad la que le reveló su mayor verdad: **no existe carrera más desafiante ni más sagrada que criar un hijo con conciencia, respeto y libertad**.

A través de su experiencia como madre de un niño con una mente despierta, encontró una voz que necesitaba ser escuchada: la de tantas familias que viven en silencio los retos, las dudas y las maravillas de brindar acompañamiento a una mente despierta en un sistema que no siempre la entiende.

Luz intensa: Crónicas de una mente despierta nace de esa vivencia —profunda, humana y real—. No es un manual, sino un testimonio; una invitación a mirar la infancia con empatía, a valorar la diferencia y a acompañar con amor a quienes sienten y piensan más allá del promedio.

Ser madre me enseñó que no se trata de formar hijos perfectos,
sino de guiarlos para que nunca apaguen su luz.